Roman Hummelt

Wirtschafts-spionage auf dem Datenhighway

Strategische Risiken und Spionageabwehr

Roman Hummelt

Wirtschafts-spionage auf dem Datenhighway

Strategische Risiken und Spionageabwehr

HANSER

Carl Hanser Verlag München Wien

Der Autor:
Dr. Roman Hummelt, Berg

Die Deutsche Bibliothek - CIP-Einheitsaufnahme

Hummelt, Roman:
Wirtschaftsspionage auf dem Datenhighway : strategische Risiken und Spionageabwehr / Roman Hummelt. -
München ; Wien : Hanser, 1997
ISBN: 3-446-19070-8

Internet: http://www.hanser.de
Gesamtlektorat: Simone Viethen, München
Umschlaggestaltung: Susanne Kraus, München unter Verwendung des Bildes "Friseurladen, ohne Datum" von O.W. Rosanowa
Belichtung, Druck und Bindung: Media-Print Informationstechnologie, Paderborn
Printed in Germany

Vorwort

Mit diesem Buch sollen in erster Linie die Führungskräfte in den Unternehmen wachgerüttelt und sensibilisiert werden. Sie müssen wissen, was Wirtschaftsspionage ist, warum sie so gefährlich ist, welche Daten besonders gefährdet sind, was die Daten wert sind, wer die Täter sind und wie sie vorgehen. Damit soll endlich auch jenen Experten im Unternehmen Gehör verschafft werden, die oft vergeblich die Unternehmensleitung auf die wachsenden Risiken hinweisen.

Deutsche Unternehmen stehen meist unvorbereitet vor den Gefahren, die durch Wirtschaftsspionage drohen. Nach dem St. Florians-Prinzip wird angenommen, daß Wirtschaftsspionage oder Wirtschaftssabotage nur bei anderen Unternehmen vorkommen kann. Nachlässigkeit in Sicherheitsfragen ist jedoch grob fahrlässig und kann das Unternehmen teuer zu stehen kommen. Denn Wirtschaftsspionage kann durchaus die Existenz des Unternehmens und Arbeitsplätze gefährden.

Über das Thema Wirtschaftsspionage spricht man in deutschen Unternehmerkreisen nicht, und wenn überhaupt, dann nur hinter vorgehaltener Hand. Zumal dann, wenn Kollegen aus anderen Unternehmen von den eigenen Problemen hören könnten. Diese Erfahrung habe ich in zahlreichen Veranstaltungen zum Thema Wirtschaftsspionage gemacht. Erst nach Ende dieser Veranstaltungen kommen Vorstände, Geschäftsführer oder Sicherheitsbeauftragte zu mir und offenbaren unter vier Augen ihre Probleme. In der Folge werden dann strategische Risiken durch Wirtschaftsspionage und Schutzmaßnahmen zur Spionageabwehr auf Top-Management-Ebene im Unternehmen erarbeitet. Besonderes Interesse an diesem Thema haben jene Unternehmen, die zunehmend mit elektronischen Mitteln arbeiten, um neue Märkte zu erschließen oder Kosten zu senken. Denn mit jedem Schritt in diese Richtung wächst das Risiko, das durch Wirtschaftsspionage droht.

Träfen die von General Motors erhobenen Vorwürfe zu, wäre der Fall Lopez ein markantes Beispiel dafür, wie durch Wirtschaftsspionage in Kombination mit einer brillanten Vorgehensweise von Anwälten ein immenser Schaden eintreten kann. Zumal dann, wenn die Truppe um Herrn Lopez mutmaßlich eher dilettantisch vorgegangen ist, falls wirklich Daten geklaut worden wären. Wirtschaftsspionage trifft nicht nur Großunternehmen. Zunehmend geraten auch mittelständische Unternehmen, die Zulieferanten der Großen sind, in das Visier der Spione.

Wirtschaftsspionage ohne die Verletzung von Gesetzen wird in den USA als „Competitive Analysis“ oder „Competitive Intelligence“ bezeichnet. Sie gehört dort zum Standard-Instrumentarium eines Unternehmens im Krieg um Marktanteile. Denn die strategische Position eines Unternehmens hängt von den jeweiligen Stärken oder Schwächen in den Bereichen Forschung und Entwicklung, Finanzen und Controlling, Produktlinien, Zielmärkte, Marketing, Verkauf, Distribution, Produktion, Arbeitskräfte und Einkauf ab. Informationsvorteile in diesen Teilbereichen des Unternehmens sind Erfolgsfaktoren, die über Überleben oder Untergang im Wettbewerb entscheiden. Ein Unternehmen, das keine Informationsvorteile hat, geht unter.

Wirtschaftsspionage ist also ein strategisches Risiko. Wenn sich ein Unternehmen über einen Wettbewerber durch eine „Competitive Analysis" Informationen über dessen Erfolgsfaktoren verschafft, so gewinnt es Einblicke in die Ausgangssituation und vor allem in die Pläne des ausgespähten Objektes. Dadurch können sowohl rechtzeitig strategische Gegenmaßnahmen getroffen als auch gegebenenfalls Wettbewerber, Lieferanten und Kunden manipuliert werden.

Kriminell wird die Wirtschaftsspionage erst dann, wenn die Gesetze des jeweiligen Landes, in dem das Delikt vorliegt, durch Einbruch, Geheimnisverrat oder Bestechung u.a.m. verletzt worden sind. Bei uns in Deutschland könnte man aber durchaus sagen, daß sich die kriminelle Art der Wirtschaftsspionage lohnen kann, denn die Strafen sind im Verhältnis zum Profit lächerlich gering.

Wir leben in einer Gesellschaft, in der Unternehmen mit dem Rohstoff Information Geld machen. Entsprechend der Qualität und der strategischen Bedeutung ist demzufolge der Wert der Informationen anzusetzen, die ein Unternehmen hat, sein Konkurrent jedoch nicht. Bereits 1988 schätzte das Max Planck Institut[1] den Schaden durch Wirtschaftsspionage in der deutschen Wirtschaft auf mindestens 8 Mrd. Mark. Die tatsächlichen Einbußen müssen allerdings weitaus höher gewesen und seitdem gestiegen sein, so das Landesamt für Verfassungsschutz in Baden-Württemberg.[2]

Wirtschaftsspionage auf dem Datenhighway ist deswegen so brisant, weil der Computer als digitales Schlüsselinstrument sowohl in der Wirtschaftsspionage als auch in der Wirtschaftssabotage neue Dimension geschaffen hat. Die Entwicklung des Computers, die Digitalisierung von Informationen und der enorme Ausbau des Datenhighways haben gigantische Kommunikationsmöglichkeiten und damit enorme Risiken für sensible Daten geschaffen.

Die größte Spionagegefahr geht neben den Geheimdiensten und Hackern vor allem von den eigenen Mitarbeitern aus, denn enttäuschte Mitarbeiter sind eine Gefahr für jedes Unternehmen. Sie lassen sich unter Umständen durch Geld anwerben,

---

[1] Impulse, 3/97, S. 13 ff.

[2] ebenda

spähen Betriebsgeheimnisse aus und übermitteln diese an ihre Auftraggeber. Über ein Fakt muß man sich klar sein: Eine vollkommene Sicherheit vor Wirtschaftsspionage läßt sich nicht erreichen. Aber es lohnt sich, durch geeignete Maßnahmen den Angriff auf Schutzziele im Unternehmen möglichst so zu erschweren, daß der Aufwand und das Risiko der Entdeckung für einen potentiellen Täter so hoch werden, daß sie abschreckend wirken.

Mit den nachstehenden Hinweisen möchte ich Entscheidungsträgern in Unternehmen die Möglichkeit geben, im eigenen Unternehmen bestehende IT-Sicherheitskonzeptionen zu hinterfragen und zu verbessern. Das Bundesministerium für Wirtschaft hat für sogenannte geheimschutzbetreute Unternehmen ausgezeichnete Empfehlungen zum Schutz vor Wirtschaftsspionage entwickelt.[3] Ich halte diese Hinweise für praxiserprobt und nützlich auch für jedes normale Unternehmen, das nicht mit der Entwicklung von militärischen Produkten zu tun hat. Natürlich lassen sich nicht alle technischen Lösungen im Detail darstellen, da die Entwicklung einer detaillierten Sicherheitskonzeption von den individuellen Voraussetzungen in den jeweiligen Unternehmen abhängig ist. Bei einem kleinen Unternehmen mag das Wegschließen einer Wechselplatte mit der Kundendatei nach Feierabend genügen. Ein Großunternehmen hat mannigfaltige Schutzmaßnahmen zu treffen. Die nachstehenden Empfehlungen dienen daher als Themenleitlinie, um bestehende Lücken durch entsprechende Schutzmaßnahmen zu schließen.

Das Verschlüsseln von Daten ist neben personellen und organisatorischen Maßnahmen im technischen Bereich eine der wichtigsten Schutzmaßnahmen vor Wirtschaftsspionage. Daher gebe ich in diesem Buch eine Anleitung zum Einsatz des Verschlüsselungsprogrammes PGP, das bei korrekter Handhabung ein ausreichendes Maß an Sicherheit bietet. Führungskräfte und Know-how-Träger haben somit die Möglichkeit, sich mit dem Thema Verschlüsselung von Daten vertraut zu machen. Sie können mit PGP „vor der eigenen Türe kehren" und sensible Daten auf ihrem PC oder Notebook schützen.

Dieses Vorwort schließe ich mit dem ausdrücklichen Dank an Herrn Werner Paul vom Landeskriminalamt, Herrn Rauch von der IHK München sowie Frau Beate Tewaag und Frau Simone Viethen vom Carl Hanser Verlag, die mich zur Veröffentlichung des vorliegenden Materials ermutigt haben.

München, im August 1997 Roman Hummelt

---

[3] Informationen für geheimschutzbetreute Unternehmen, BMWI, 1997

Inhaltsverzeichnis

TEIL 1: Strategische Risiken

TEIL 3: Verschlüsselung durch PGP

Abbildungsverzeichnis

Tabellenverzeichnis

TEIL 1
Strategische Risiken

Prolog

„22 Uhr. Der Lärm der Putzkolonne in den Büroräumen der Einkaufsabteilung der US Motors AG ist verstummt. Eintönig summt der PC vor sich hin.

Ich lehne mich auf meinem Arbeitsstuhl zurück und recke den verspannten Nacken. In der Kaffeemaschine finde ich einen Rest Kaffee. Der Schluck schmeckt bitter und abgestanden wie der kalte Rauch im Büro. Ein kurzer Rundgang. Ich bin alleine, freitagabends ist der Laden immer leer. Meinen Büroschlüssel drehe ich im Schloß und lasse ihn stecken. So, jetzt kommt keiner mehr ohne Klingeln rein.

Mit dem Paßwort von einem Kollegen logge ich mich in das Netzwerk ein. Es war nicht schwer, das Paßwort zu bekommen. Ein Blick über die Schulter des Kollegen hatte genügt, um den Vornamen seiner Frau als Paßwort zu erraten. Ich finde das Verzeichnis EINKAUF auf Anhieb. Hier liegen die Daten mit den Preisen der Zulieferfirmen der US Motors. Mit diesen Informationen wird German Motors die Preise für Zulieferteile mit den Preisen der US Motors direkt vergleichen können.

Nun wird es heiß. Ich schiebe eine Diskette in den PC und kopiere die Dateien vom Server. Gerne mache ich das nicht, aber diese Informationen werden von mir erwartet. Also weiter. Mein Zugriff auf die Daten und das Ziehen der Kopie ist kaum noch nachvollziehbar. Falls doch etwas herauskommen sollte, so führt die Spur zu meinem lieben Kollegen."

Das könnte der Anfang eines drittklassigen Krimis sein. Die Story, die uns „spanisch" anmutet, könnte aber auch so oder so ähnlich im wirklichen Firmenleben von General Motors und Volkswagen abgelaufen sein, falls wirklich Daten geklaut worden wären. Und wenn Daten auf Disketten so kopiert worden wären, so könnte man die Vorgehensweise der Truppe um Herrn Lopez als eher dilettantisch bezeichnen. Denn die Staatsanwaltschaft sagt, sie habe Disketten mit den belastenden Daten im Umfeld von Herrn Lopez sichergestellt[4]. Wie es wirklich abgelaufen ist, werden wir jedoch vielleicht erst dann in Erfahrung bringen, wenn die strafrechtlichen Fragen geklärt sind.

Die große Schlacht der Automobilgiganten und namhaften Anwaltskanzleien scheint vorerst für die beiden Automobilkonzerne gelaufen zu sein. Die beiden Unternehmen haben sich nun auf eine einvernehmliche Lösung verständigt. Das gesamte mögliche Schadenspotential für die Volkswagen AG belief sich auf vier Mrd. DM. Das war eine Summe, die auch einen Automobilgiganten ins Wanken

---

[4] Tagesspiegel, 19.2.1996, S. 8

bringen kann. Der Betrag resultierte nicht nur aus einem tatsächlich durch einen Gutachter feststellbaren Schaden, sondern aus der Klagesumme vor einem Gericht in den USA, die Volkswagen aufgrund des „Anti Mafia"-Gesetzes ins Haus stand. Entscheidend für das Nachgeben von VW war wohl die ausgebuffte Taktik der General Motors Anwälte. Mittlerweile scheint sicher zu sein, daß auch der US-Geheimdienst NSA seine Finger im Spiel gehabt hat. Denn der entscheidende Hinweis an General Motors soll von der NSA, einer staatlichen Spionageinstitution in den USA mit über 40.000 Mitarbeitern, gekommen sein. Die NSA soll eine digitale Videokonferenz von Volkswagen abgehört und aufgezeichnet haben[5].

Die hohe Wahrscheinlichkeit, den Schadenersatzprozeß auf einem fremden Rechtsterritorium zu verlieren, war für Volkswagen real und brandgefährlich. Denn der einem verlorenen Prozeß mit Sicherheit folgende Durchgriff der amerikanischen Justiz auf Eigentum von Volkswagen in den USA hätte bevorgestanden. Darüber hinaus hätte die publizistische Wirkung dieser Prozesse, in denen der Name VW immer in Verbindung mit dem Namen Lopez und dem Begriff Wirtschaftsspionage aufgetaucht wäre, auch weiterhin einen verheerenden Imageschaden für VW gehabt. Daher hat Volkswagen wohl den Forderungen von GM nachgeben müssen.

Die Opel-/VW-Story ist durch die Höhe des Schadens und durch die Verlagerung des Prozeßgeschehens in das Ausland bisher der markanteste Fall von vermutlicher Wirtschaftsspionage. Aber VW ist kein Einzelfall. Auch Mittelständler sind betroffen. Viele Fälle werden jedoch nicht bekannt, das Medieninteresse wie bei Volkswagen ist eher die Ausnahme. Dabei sind die Ermittlungsspezialisten des Bundesamtes für Sicherheit in der Informationstechnik und der Landeskriminalämter täglich mit dem Thema Wirtschaftsspionage konfrontiert. Professionell durchgeführte Wirtschaftsspionage gewinne immer mehr an Bedeutung, so ein Experte des Kölner Verfassungsschutzes. Bundesinnenminister Manfred Kanther ist davon überzeugt, daß das Risiko der Wirtschaftsspionage stetig ansteigt. Im Verfassungsschutzbericht 1995 wird eindeutig vor den Gefahren für die Unternehmen und den damit verbundenen Risiken auch für den Standort Deutschland gewarnt [6].

---

[5] Deutsche Betriebe im Visier der Geheimdienste, Impulse, 3/97, S. 13 ff.

[6] Wirtschaftsspionage, Handelsblatt No. 167 vom 29.8.1996, S. 21

1 Was ist Wirtschaftsspionage?

„Wirtschaftsspionage, Werksspionage oder Industriespionage ist das Auskundschaften und Weitergeben von Geschäfts- oder Betriebsgeheimnissen in gewerblichen Unternehmen.“[7] Ich sehe Wirtschaftsspionage darüber hinaus als das Ausspähen von jenen Informationen über Teilnehmer des Wirtschaftslebens, deren Kenntnis die strategische Position eines Unternehmens verändern kann.

Die strategische Position eines Unternehmens hängt von den jeweiligen Stärken oder Schwächen in den Bereichen Forschung und Entwicklung, Finanzen und Controlling, Produktlinien, Zielmärkte, Marketing, Verkauf, Distribution, Produktion, Arbeitskräfte und Einkauf ab. Informationsvorteile in diesen Teilbereichen des Unternehmens sind Erfolgsfaktoren, die über ein Überleben oder den Untergang im Wettbewerb entscheiden. Michael E. Porter[8], Autor des Buches „Competitive Strategy“, das zur Bibel führender Unternehmen und Unternehmensberatungen wurde, hat in seinem „Wheel of Competitive Strategy“ diese Faktoren als entscheidend zur strategischen Positionsbestimmung eines Unternehmens definiert (vgl. dazu Abbildung 1).

Die Veränderungsleistung eines Unternehmens wird nach Porters System durch die Definition der Ziele, wie ein Unternehmen im Markt auftreten soll, und von den Einzelzielen hinsichtlich Profitabilität, Wachstum, Marktanteil, soziales Verhalten etc. bestimmt.

Es gibt eine Art legale Wirtschaftsspionage, die als „Competitive Analysis“ oder „Competitive Intelligence“ zumindest in den USA zum Standard-Instrumentarium des Managements gehört. Diese Praktiken laufen bei uns unter dem Namen „Konkurrenz- oder Wettbewerbsanalyse“. Wenn sich ein Unternehmen über einen Wettbewerber durch eine „Competitive Analysis“ Informationen über dessen in Porters „Wheel of Competitive Strategy“ genannte Erfolgsfaktoren verschafft, so gewinnt es Einblicke in die Ausgangssituation und vor allem in die Pläne des ausgespähten Objektes. Dadurch können sowohl rechtzeitig strategische Gegenmaßnahmen getroffen als auch gegebenenfalls Wettbewerber, Lieferanten und Kunden manipuliert werden.

---

[7] Der neue Brockhaus, Bd. 5, S. 561

[8] Competitive Strategy, Michael F. Porter, S. XVII

Abb. 1: The Wheel of Competitive Strategy nach Michael E. Porter[9]

Ich betrachte daher Wirtschaftsspionage als ein strategisches Unternehmensrisiko, das aufgrund seiner gravierenden Konsequenzen sehr ernst genommen werden muß. Weltweit lassen sich hochspezialisierte Unternehmen finden, die die legale Wirtschaftsspionage in Form einer „Competitive Analysis" als Auftragsleistung durchführen. Eine „Competitive Analysis" mit legalen Methoden führt durch den effektiven Einsatz der Datenrecherchetechnik zu erstklassigen Resultaten. Projekte dieser Art habe ich als Senior Consultant in meiner Zeit als Unternehmensberater bei Roland Berger und Partner durchgeführt. Aus einer Vielzahl von Einzelein-

[9] Competitive Strategy, Michael F. Porter, S. XVII

blicken wird bei professioneller Ausführung und Interpretation ein Situationsbild der ausgeforschten Firma oder Person klar erkennbar. Und wichtiger als das, es werden die wahrscheinlichen nächsten strategischen Schritte des Zielobjektes erkennbar und kalkulierbar. Dies führt zu erheblichen strategischen Wettbewerbsvorteilen für jenes Unternehmen, das den Informationsvorsprung hat. Heute wird Wirtschaftsspionage weltweit zunehmend von und gegen Unternehmen eingesetzt.

Der Schritt von der Legalität zur Illegalität der Wirtschaftsspionage wird durch die Wahl der Mittel getroffen, die eingesetzt werden. Erst wenn die eingesetzten Mittel in der jeweiligen Rechtsordnung illegal sind, bewegt man sich im kriminellen Bereich der Wirtschaftsspionage. Hier werden auch in den USA härtere Begriffe wie Business Espionage oder Industrial Intelligence verwendet. Der amerikanische Begriff „Intelligence" entspricht in etwa dem deutschen Begriff der „Gezielten Aufklärung". Das ist nichts anderes als Spionage.

2 Was bedeutet Wirtschaftssabotage?

Eng im Zusammenhang mit dem Begriff Wirtschaftsspionage ist auch die Wirtschaftssabotage zu sehen. Ziel der Wirtschaftssabotage ist es meines Erachtens, die Position des Angriffszieles durch das Zerstören seiner materiellen oder immateriellen Vorteile zu schwächen. Wirtschaftssabotage durch oder über den Computer gehört im Zeitalter des Internet und aggressiver Computerviren zu den besonderen Gefahren für ein Unternehmen.

Heute ist die Vision aus dem Film „Independence Day", in dem das gesamte Abwehrsystem der außerirdischen Angreifer durch einen Computervirus lahmgelegt wird, absolut keine Fiktion mehr. Die Zerstörung eines Rechnersystems durch die Manipulation seines „Softwaregehirns" ist auch für Nichtprofis eine relativ einfach durchführbare Aktion. So hat sich im Internet bereits eine Subkultur entwickelt, die vielfältige Hilfsmittel[10] für die Unternehmenssabotage durch den Computer anbietet. Experten haben prognostiziert, daß eine Geschäftsbank den totalen Zusammenbruch der gesamten EDV-Anlage wirtschaftlich nur etwa vier Wochen überleben würde.

Für rachsüchtige, frustrierte Mitarbeiter oder für mißgünstige Wettbewerber finden sich in Internet-Untergrundorganisationen erstklassige Sabotagewerkzeuge. So werden z.B. Bauanleitungen für Computerviren gegeben, die auch Stealth Viren umfassen. Diese Viren sind besonders gefährlich, da schwer erkennbar und wie eine Zeitbombe auf einen bestimmten Zeitpunkt nach dem Ausscheiden des Mitarbeiters einstellbar. Weiterhin sind im Internet erstklassige Werkzeuge verfügbar, die nicht nur den Einbruch in unternehmensinterne Paßwortlisten ermöglichen, sondern auch dem internen Netzadministrator den weiteren Zugriff verweigern. Die Attacke auf Angriffsziele von außen ist durch sogenannte Mail-Bomben möglich, die mit der elektronischen Post in die interne EDV gelangen und dort katastrophale Schäden anrichten können.

Einen Fall von Wirtschaftssabotage mit makaberem Beigeschmack mußte die Geschäftsführung der Media Markt-Filialen in München machtlos hinnehmen. Folgendes war passiert: Ein Virus, der die Festplatte des infizierten Rechners komplett löschte, verbreitete sich extrem schnell über das Internet. Das bedeutete den totalen Datenverlust für den Anwender. Kurz bevor sich der jeweilige infizierte Rechner komplett verabschiedete, leuchtete das Logo der Firma Media Markt in Verbindung mit einem Totenkopf auf. Nach Schätzungen von Christof Fischer von der Uni

[10] Der gläserne Mensch..., Computerwelt 19/97, S. 19

Karlsruhe hat der Virus ca. 10.000 Rechner infiziert.[11] Bis heute ist nicht geklärt, wer eigentlich hinter diesem Virus, dem Anschlag auf die Rechner und auf das Image von Media Markt steht.

---

[11] Computervirus..., Süddeutsche Zeitung, 11.8.1995, S. 2

3 Wie sieht die Rechtslage aus?

Wirtschaftsspionage ist ein Teilgebiet der Wirtschaftskriminalität. Wirtschaftsspionage mit dem Tatwerkzeug Computer gehört in den Bereich Computerkriminalität. Wirtschaftsspionage auf dem Datenhighway fällt je nach Tatbestand in die einschlägigen Regelungen des Strafgesetzbuches. Bei der Beurteilung eines konkreten Falles von Wirtschaftsspionage auf dem Datenhighway können folgende Straftatsbestände eine Rolle spielen:

- Ausspähen von Daten ohne nachrichtendienstlichen Auftrag (§ 202 StGB)
- Geheimdienstliche Agententätigkeit (§ 99 STGB)
- Offenbarung von Geheimnissen (§ 203 StGB)
- Verrat von Geschäfts- und Betriebsgeheimnissen (§ 17 UWG Gesetz gegen den Unlauteren Wettbewerb)
- Diebstahl (§ 242 StGB)
- Betrug (§ 263 a StGB), Mißbrauch von Scheckkarten, Telefonkarten

Zu den im Zusammenhang mit Wirtschaftsspionage verwirklichten Tatbeständen kommen eine Vielzahl von Verstößen gegen weitere Paragraphen des StGB hinzu. Eine besondere Rolle fällt dabei dem Aspekt der Bestechung und Bestechlichkeit zu, da viele Fälle von Wirtschaftsspionage auf eine Tatbeihilfe durch Mitarbeiter des Angriffszieles (Insiderdelikte) zurückgehen:

- Vorteilsannahme (§ 331 StGB)
- Bestechlichkeit (§ 332 StGB)
- Vorteilsgewährung (§ 333 StGB)
- Bestechung (§334 StGB)
- Abgeordnetenbestechung (§ 108e StGB)
- Aufsicht und Kontrolle durch Amtsträger (§ 347 StGB); „Ein Vorgesetzter, welcher seine Untergebenen zu einer rechtswidrigen Tat im Amt verleitet oder eine solche rechtswidrige Tat seiner Untergebenen geschehen läßt, hat die für diese Tat angedrohte Strafe verwirkt."
- Bestechung von Angestellten (§ 12 UWG); Stellung eines Strafantrages, höchstes Strafmaß Freiheitsstrafe 1 Jahr, Verjährung nach 3 Jahren

In der Bundesrepublik wird Wirtschaftsspionage in den meisten Fällen äußerst milde mit Bewährungsstrafen bis zu einem Jahr und Geldstrafen bestraft, wenn nicht im Auftrag eines fremdem Nachrichtendienstes spioniert wird. Wirtschaftsspionage im Unternehmensbereich wird nur dann verfolgt, wenn Anzeige erstattet wird. Fakt ist: Das Strafmaß ist so niedrig, daß potentielle Straftäter durchaus in Versuchung geraten könnten. Zumal es sich in finanzieller Hinsicht beinahe lohnt und die Wahrscheinlichkeit, entdeckt zu werden, bei der elektronischen Wirtschaftsspionage sehr gering ist. Empfindlich hingegen sind die Strafen bei Wirtschaftsspionage mit nachrichtendienstlichem Auftrag, da hier der Bereich des Landesverrats zum Tragen kommt.

4 Wodurch wird die Wirtschaftsspionage auf dem Datenhighway besonders gefährlich?

Wirtschaftsspionage auf dem Datenhighway ist deswegen so brisant, weil der Computer als digitales Schlüsselinstrument sowohl in der Wirtschaftsspionage als auch in der Wirtschaftssabotage neue Dimension geschaffen hat. Die Entwicklung des Computers, die Digitalisierung von Informationen und der enorme Ausbau des Datenhighways haben gigantische Kommunikationsmöglichkeiten geschaffen. Dieses Wachstum birgt auch enorme Risiken für sensible Daten. „Der Computer ist als ein Instrument zu verstehen, das nicht nur dem Denken, sondern auch dem Verbrechen neue Wege eröffnet.“[12] So beurteilt Timothy Snyder, Dozent für Computerwissenschaften an der Universität in Washington D.C., die Rolle des Computers als Komplize.

Der Begriff Datenhighway oder Datenautobahn läßt sich wohl am besten mit den Komponenten beschreiben, die heute auch die Grundbestandteile des Internet darstellen. Der Datenhighway besteht aus der technischen Verbindung von Millionen von Rechnern über Datenleitungen. Die Rechner können Notebooks, Laptops, PCs, Server, Mainframes, Telefonanlagen und andere EDV-Komponenten sein. Eine Vielzahl dieser Rechner ist ständig miteinander verbunden. Andere Rechner stellen die Verbindung zum Datenhighway nur für eine bestimmte Zeit über ein Modem her, mit dem die Computersignale ausgetauscht werden. Die Rechner können bei Universitäten, Firmen, staatlichen oder privaten Organisationen oder Privatpersonen stehen. Heute geht man von Zigmillionen Rechnern aus, die eine Auffahrt oder ein sich Bewegen auf dem Datenhighway ermöglichen. Bis zur Jahrtausendwende schätzt das Marktforschungsinstitut Input[13], daß sich ca. 250 Millionen Menschen über das Internet auf dem Datenhighway bewegen werden.

Folgende wesentliche Einflußfaktoren lassen den Risikofaktor Wirtschaftsspionage über den Computer rapide wachsen (vgl. dazu Abbildung 2):

- **Die Verbreitung der Fähigkeit, den Computer als Instrument zur Wirtschaftsspionage einzusetzen:** Früher war es nur gewieften Experten vorbehalten, mit ihren Fachkenntnissen Computer zu knacken, um so die Informationen zu klauen. Heute sind Computerkenntnisse weit verbreitet. Es ist selbst für einen Menschen mit durchschnittlichen Computerkenntnissen kein Problem, den Computer zu Spionagezwecken einzusetzen.

[12] Kriminalität im Cyberraum, Süddeutsche Zeitung, 23.2.1995, S. 17
[13] WirtschaftsWoche, 12.10.1995, S. 105

Abb. 2: Steigendes Risiko durch Wirtschaftsspionage

- **Verdichtung der geheimen Informationen auf kompakten Datenträgern:** Geheime Daten sind heute auf einem physisch sehr kleinen Platz auf kompakten Datenspeichern konzentriert. Damit lassen sich z.B. ganze Konstruktionsplanungen für ein Automobilwerk auf einer zigarettenschachtelgroßen Wechselplatte unterbringen und aus dem Werk bringen. Mit speziellen Komprimierprogrammen können Daten so verdichtet werden, daß sich auf elektronischem Weg enorme Datenmengen aus dem Unternehmen per Telefon senden lassen.
- **Vereinfachung der Kopierfähigkeit der geheimen Informationen:** Im Zeitalter der Blaupausen und Handkarteien auf Karton war es wesentlich schwieriger als heute, Daten auszuspähen. Die Spionage mittels Blaupausen einer Konstruktionszeichnung war mit einem hohen Zeitaufwand und mit einem hohen Risiko verbunden, erwischt und überführt zu werden. Heute lassen sich die Daten ohne großes Aufsehen von einer Festplatte auf eine Diskette kopieren.

- **Dezentralisierung der geheimen Informationen innerhalb des Unternehmens:** So mancher Beauftragter für Datensicherheit wird sich wehmütig an die Zeit der Mainframes erinnern. Auf den großen Zentralrechnern war der Zugriff auf geheime Informationen wesentlich leichter zu kontrollieren als heute. Dem Anwender werden heute durch Netzwerke erhebliche Rechnerkapazitäten direkt an den Arbeitsplatz gestellt. Das bringt zwar organisatorisch gesehen Vorteile, sicherheitspolitisch birgt es jedoch große Risiken, da vielfältige Zugriffsmöglichkeiten auf sensible Daten entstehen.

- **Mobilität der Entscheidungsträger:** Die Mobilität von Entscheidungsträgern, die durch den ortsungebundenen Einsatz von Laptops und Notebooks entstanden ist, schafft Sicherheitsrisiken. Oft befinden sich auf dem Notebook wichtige Informationen, die Rückschlüsse auf die Ausgangssituation des Inhabers geben. Das rasche Ziehen einer Kopie von der ungesicherten Festplatte im Hotelzimmer sowie bei der Zollkontrolle ist für Profis kein Problem (oder das ganze Notebook wird geklaut).

- **Vernetzung der Betriebe durch das Internet und das Intranet:** Durch die Vernetzung der Unternehmen im Intranet (Inter Company Network) oder durch das Internet auf dem Datenhighway ist das Risiko eines Unternehmens, Opfer eines Angriffes zu werden, enorm gewachsen. Das Intranet unterscheidet sich vom Internet dadurch, daß im Intranet einer begrenzten Anzahl von Nutzern der Zugriff über eine Paßwortregelung ermöglicht wird. In der Regel wird dieselbe Übertragungstechnik wie im Internet verwendet. Das Internet wird zunehmend von Unternehmen in den Bereichen Kommunikation, Marketing, Werbung, PR und Verkauf kommerzialisiert.

- **Outsourcing an Zulieferbetriebe:** Im Rahmen der Kostensenkung und Produktionssteigerung werden Datenverarbeitungsfunktionen an Zulieferer verlagert. Dabei werden Betriebsgeheimnisse offenbart. Dieser Datenverbund bringt erhebliche Gefahren für Ausspähangriffe. Zulieferer können das optimale Einfalltor für Spione sein.

- **Auslagerung von internen Wartungstätigkeiten an externe Dienstleister:** Die Auslagerung von internen Wartungstätigkeiten an externe Dienstleister spart zwar Kosten, ist jedoch mit großen Risiken für geheime Informationen verbunden.

- **Fernwartung von Telefonanlagen:** Digitale Telefonanlagen basieren auf hochmodernen Computern, die ferngewartet werden. Damit ist die Türe für das Ausforschen von geheimen Informationen weit offen. Bei der Fernwartung erhält der Partner über das Telefon Zugang zur IT-Anlage. Servicetechniker tauschen Daten über Telefon aus. Das Kopieren von geheimen Daten über Telefon ist kein Problem.

Der Ausbau des Datenhighways schreitet weiter fort. Zudem gibt es auf dem Datenhighway keine Staatsgrenzen. Jeder Spion kann heute in einem x-beliebigen Land leben und von dort aus seine Angriffe auf geheime Daten durchführen. Wenn ein Angriff clever durchgeführt wird, so ist unter Umständen nicht einmal ein strafrechtlicher Durchgriff in dem als Operationsbasis gewählten Land möglich.

5 Wie groß ist das Risiko, ausgespäht zu werden?

Bei uns in der Bundesrepublik ist das Problembewußtsein für das strategische Risiko der Wirtschaftsspionage nicht oder nur kaum ausgeprägt. In der Praxis sind insbesondere kleine und mittlere Unternehmen schon froh, wenn die Datenverarbeitung überhaupt funktioniert. Über die Absicherung von Daten gegen Wirtschaftsspionage oder -sabotage machen sich die meisten Unternehmen keine Gedanken. Sicherheit kostet Geld. Und dieses Geld wird ausgerechnet dem Bereich vorenthalten, dessen Schutz lebenswichtig für ein Unternehmen sein kann. Nachlässigkeit in Sicherheitsfragen ist grob fahrlässig und kann das Unternehmen teuer zu stehen kommen. Denn Wirtschaftsspionage kann durchaus die Existenz des Unternehmens und die Arbeitsplätze der Mitarbeiter gefährden.

Wirtschaftsspionage ist auf Sicherheitslücken zurückzuführen und damit die Folge von Managementfehlern. Sicherheitsbeauftragte in den Unternehmen sind in der Regel nur auf der Ebene des mittleren Managements angesiedelt. Sicherheitsbedenken von Fachleuten werden in den oberen Etagen der Unternehmen auf die leichte Schulter genommen. Nach dem St. Florians-Prinzip wird angenommen, daß Wirtschaftsspionage oder -sabotage nur bei anderen Unternehmen vorkommen kann. Vorstandsmitglieder und Geschäftsführer beschäftigen sich mit Sicherheitsfragen erst dann, wenn es zu spät ist.

Neben Volkswagen sind auch bei den Firmen Bosch, Siemens, Boehringer, Commerzbank, Enercon sowie bei anderen Unternehmen Fälle von Wirtschaftsspionage bekannt geworden. Laut Josef Karkowsky[14], Ex-Verfassungsschützer und heute Geschäftsführer der Arbeitsgemeinschaft Sicherheit für die Wirtschaft, sind zunehmend auch mittlere und kleine Unternehmen durch Wirtschaftsspionage betroffen. Bevorzugtes Ziel für Wirtschaftsspionage seien innovative Unternehmen. Wirtschaftsspione könnten durch mangelnde oder nicht existente Sicherheitssysteme leicht in die Informationssysteme eindringen. Außerdem seien mittelständische Zulieferer aufgrund ihrer Verzahnung im Produktionsprozeß geeignete Operationsbasen für Angriffe auf Großunternehmen.

Über Wirtschaftsspionage spricht man bei uns nicht. Für Jürgen Karkowsky ist es schon außergewöhnlich, wenn sich ein Unternehmen, bei dem ein Fall von Wirtschaftsspionage aufgetreten ist, überhaupt an die Ermittlungsbehörden oder an die

---

[14] Deutsche Betriebe im Visier der Geheimdienste, Impulse, 3/97, S. 13 ff.

Öffentlichkeit wendet.[15] Der Vorsitzende der Polizeigewerkschaft, Hermann Lutz, hat in einer Bundestagsdebatte zum Thema Wirtschaftsspionage darauf hingewiesen, daß neun von zehn Firmen, die über einen Fall von Wirtschaftsspionage in ihrem Betrieb unterrichtet worden seien, kein Interesse an einer Strafverfolgung hatten. Die bekanntgewordenen Fälle würden nur die Spitze des Eisberges darstellen. Denn nur selten würden diese Fälle an die Öffentlichkeit dringen. Hierzulande sei das Top-Management stets bemüht, die Affären unter den Teppich zu kehren, um Imageverluste zu vertuschen.[16] Der Hamburger Informatik-Professor Klaus Brunnstein geht davon aus, daß es vor allem die Banken und Versicherungen seien, die absolut kein Interesse an einem Bekanntwerden von konkreten Fällen haben. Sie fürchten eindeutig den Vertrauensschwund bei den Kunden. Diese Befürchtungen würden sich zumindest positiv in einem verstärkten Risikobewußtsein bei Banken niederschlagen. So seien die Banken wesentlich eher dazu bereit, Investitionen in Sicherheitsmethoden und Technik zu tätigen.

Hermann Lutz macht weiter deutlich, daß viele Firmen sich nicht im klaren darüber seien, wie sehr sich ihre Produkte als Spionageziel eigneten[17]. Unternehmen agierten mit einem ausgesprochen schwachen Bewußtsein für Selbstschutz. Im Ausland seien Unternehmen hinsichtlich der Sicherheitsrisiken und der Chancen für die Ausspähung von Konkurrenzinformationen wesentlich stärker sensibilisiert. So sei es laut Klaus Matschke, Präsident des Bundesverbandes der Sicherheitsberater, kein Wunder, wenn deutsche Firmen ein leichtes Opfer für Angriffe von ausländischen, insbesondere amerikanischen Unternehmen werden.[18]

In der SG 24, einer Spezialeinheit des LKA Bayern, hat der Chefermittler, Kriminalhauptkomissar Paul, einen persönlichen Erfahrungsbackground von zahlreichen Fällen vorliegen. Auf der Münchener Computerfachmesse Systems sprach Klaus Brunnstein bereits 1993 von einem Super-GAU, der die deutsche Wirtschaft bedroht.[19]

In einer Internet-Studie vom März 1994 des US Department of Energy wurden im Internet in einem Zeitraum von drei Monaten 100.000 Benutzerpaßwörter mit Hilfe von automatischen Analyzern geknackt.[20] Bei einem Test der Firma Comtec in Berlin versuchten in drei Tagen 1208 Hacker, sich Zutritt zu den Daten zu ver-

---

[15] Deutsche Betriebe im Visier der Geheimdienste, Impulse, 3/97, S. 13 ff

[16] Sicherheit oft vernachlässigt, Tagesspiegel, 22.10.1993

[17] Sicherheit muß künftig zur Chefsache werden, Handelsblatt 245, 18.12.1996

[18] Ein lautloser Krieg, Süddeutsche Zeitung, 17.9.1996, S. 22

[19] Sicherheit oft vernachlässigt, Tagesspiegel, 22.10.1993

[20] Open Computing Cover Story, Maxbit, 23.3.1996

schaffen.[21] Anläßlich der Computer Security Conference in Washington schätzten die Experten das Risiko für unautorisierte Zugriffe über das Internet als besonders hoch ein. Annähernd die Hälfte der 95 anwesenden Manager für Datensicherheit hatten in ihren Unternehmen bereits Einbrüche in das Datennetz des Unternehmens erlebt. Die größte Spionagegefahr gehe laut der Expertenmeinung von eigenen Mitarbeitern aus, der Mißbrauch von E-Mail wurde an die zweite Stelle gesetzt, an dritter Stelle rangierten unautorisierte Eindringlinge.[22]

Die Zahlen sprechen für sich. Entsprechend einer Befragung der WP-Gesellschaft Ernst Young LLP von über 1300 Unternehmen in den USA wurde festgestellt, daß bereits jedes fünfte Unternehmen in den USA, das am Internet hängt, einen versuchten oder erfolgreichen Einbruch im Datennetz beklage[23]. Laut Joe Settle, Chefs der FBI Computer Crime Squad, blieben ca. 85 Prozent aller Computereinbrüche unentdeckt.[24]

[21] Datenklau ist mehr..., Tagesspiegel 22.10.1996
[22] Internet stellt Risiko..., Computerwoche, 5.5.1995, S. 2
[23] Internet Studie..., Computer Zeitung, 30.11.1995, S. 2
[24] Open Computing Cover Story, Maxbit, 23.3.1996

6 Welche strategischen Daten sind durch Wirtschaftsspionage besonders gefährdet?

Strategische Daten, die durch Wirtschaftsspionage gefährdet sind, lassen sich einmal durch die Industriesegmente strukturieren, in denen die Unternehmen tätig sind. Zum anderen ist die Einteilung der gefährdeten Daten aus der funktionalen Perspektive des Unternehmens her sinnvoll. Informationsquellen für Wirtschaftsspione im Umfeld der Unternehmen beziehen sich auf alle Industriesegmente und funktionalen Unternehmensbereiche.

6.1 Industriesegmente

Laut einer FBI-Studie aus dem Jahr 1996 rangieren folgende Industriebereiche in der Top Priority Skala für Wirtschaftsspionage[25]:

- Biotechnologie/Medizin
  Angewandte Molekularbiologie, Medizintechnik
- Energie/Umwelttechnik
  Filtertechnik; Emissionskontrolle
- Information/Kommunikation
  Software; Mikro- und Optoelektronik; Hochleistungsrechner und Netzwerke; Hochdefinitions-Bildtechnik; Sensor- und Signaltechnik; Datenspeicher- und Peripheriegeräte; Computersimulation
- Materialtechnik
  Materialsynthese, elektronische und photonische Materialien und Keramik, Verbundwerkstoffe, Hochleistungsmetalle und Legierungen
- Produktionstechnik
  Flexible computergesteuerte Fertigung; Mikro- und Nanofabrikation; Systemmanagement-Technologien

6.2 Unternehmensbereiche

Die Angriffsziele für Wirtschaftsspionage liegen in den Bereichen Forschung und Entwicklung, Einkauf, Personal, Produktion, Distribution, Verkauf, Marketing, Zielmärkte, Produktlinien sowie Finanzen und Controlling. Sie decken sich exakt

[25] Impulse, 3/97, S. 13 ff

mit den von Porter definierten Bereichen, die die Stärken und Schwächen eines Unternehmens ausmachen (vgl. dazu Abbildung 1 und Abbildung 3).

Die nachstehend genannten Fälle für Wirtschaftsspionage auf dem Datenhighway sind nur ausgewählte Beispiele. In den Akten der Ermittlungsbehörden befinden sich darüber hinaus zahlreiche Fälle von Wirtschaftsspionage auch in mittelständischen Unternehmen. Die Namen dieser Firmen und Details dürfen jedoch aus Ermittlungsgründen nicht genannt werden.

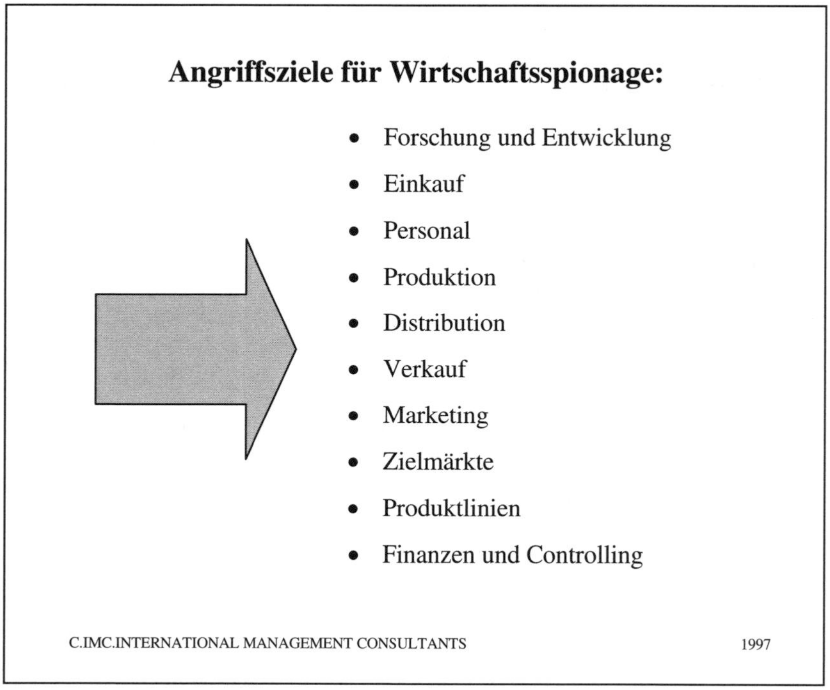

Abb. 3: Angriffsziele für Wirtschaftsspionage

6.2.1 Forschung, Entwicklung und Produkte

Forschungs- und Entwicklungsergebnisse sind begehrte Zieldaten. So auch im Fall Bosch.[26] Einen direkten Weg zur Übermittlung von Entwicklungsergebnissen an Dritte hat dem Anschein nach ein Mitarbeiter dieser Firma in Stuttgart gewählt. Wegen des Verdachts auf Geheimnisverrat hat die Stuttgarter Staatsanwaltschaft ein Ermittlungsverfahren gegen den 38jährigen Mitarbeiter eingeleitet. Wie es in einer Mitteilung der Staatsanwaltschaft heißt, sei bei internen Überprüfungen aufgefallen, daß der Mann vertrauliche Daten an Firmenfremde via E-Mail in die USA weitergeleitet hat. Aufgefallen sei der Mann seinen Kollegen durch bestimmte Verhaltensweisen sowie eine geplante USA-Reise. Eine Wohnungssuche habe weitere Beweismittel ergeben. Sehr clever kann dieser Mitarbeiter wohl nicht vorgegangen sein, da die Kontrolleure seinen Geheimnisverrat via E-Mail im Klartext lesen konnten. Vermutlich hätte die Revision oder die Ermittlungsbehörde keinen Beweis für den Anfangsverdacht in der Hand gehabt, wenn diese E-Mail professionell verschlüsselt gewesen wäre. Der Firma Bosch nutzt die Überführung des Mannes nur am Rande. Die Firmengeheimnisse sind bereits beim Auftraggeber des Angriffes.

Der Windanlagenbauer Enercon GmbH in Aurich wurde Opfer eines gezielten und erfolgreichen Spionageangriffes des US-Konkurrenzunternehmens Kenetech Windpower[27]. Mit Hilfe von deutschen Komplizen wurden Konstruktionsdaten kopiert, die Kenetech Windpower für eine Patentverletzungsklage in den USA benutzte. Die Affäre war durch einen reinen Zufall entdeckt worden. Gegen die drei mutmaßlichen „Spione“ wurde in Deutschland Strafantrag gestellt. Profis vermuten auch hier einen organisierten Hintergrund der Affäre, bei dem die amerikanischen Geheimdienste die Finger im Spiel haben.

Die Volkswagen AG gab in Dresden bekannt, daß sie seit Jahren systematisch ausspioniert worden sei[28]. Die Angriffe bezogen sich insbesondere auf Neuentwicklungen bei den Marken VW, Audi, Seat und Skoda. Mit einer Infrarotkamera wurden Bilder von streng geheimen „Erlkönigen“ aufgenommen, digitalisiert und per Funk an bislang noch unbekannte Auftraggeber gesendet. Dieser Vorgang lief über einen längeren Zeitraum vollautomatisch ab. Mit der Aufklärung des Falles wurde der Hamburger Reemtsma-Aufklärer Dieter Langenhoefer betraut.

---

[26] Kritik an Wirtschaft, Handelsblatt, 18.12.1996, S. 5

[27] Handelsblatt, 29.8.1996, S. 2, Impulse, 3/97, S. 13 ff.

[28] Volkswagen ist kein Einzelfall, Handelsblatt, 29.8.1996, S. 21

Eine mutmaßliche Spionageattacke wurde auf die deutsche Pharmagruppe Boehringer Ingelheim in den USA durchgeführt.[29] Das Unternehmen Johnson & Johnson soll einen Mitarbeiter bei Boehringer eingeschleust haben, der sich vertrauliche Informationen über den Prototyp eines neuen Blutzucker-Meßgerätes beschafft haben soll. Boehringer erhob Anklage gegen Johnson & Johnson, aber zu einem Prozeß kam es nie. Laut Professor Dietrich Nord, Executive Vice President von Boehringer Mannheim, gibt es nun einen Vergleich zur Zufriedenheit beider Unternehmen, dessen Details jedoch nicht kommuniziert würden.

Auch die Softwareindustrie hat ihren Fall Lopez. Gleich zwölf wichtige Entwickler der Softwarefirma Informix sind zum härtesten Konkurrenten Oracle gewechselt[30]. Jedem Insider ist klar, daß ein Entwickler zahlreiche Möglichkeiten hat, die von ihm entwickelten Programme zu kopieren und aus der Entwicklungsabteilung zu schaffen. Informix unterstellt nun, daß diese Leute die Entwicklungsdaten einer neuen Datenbanktechnologie von Informix mit zu Oracle nahmen. Informix geht davon aus, daß diese Technologie den Markt für Datenbanken in den nächsten Jahren dominieren werde, da auch unstrukturierte Daten damit verwaltet werden können. Seit dem Wechsel herrscht Krieg zwischen den beiden Marktführern im Bereich Datenbanksoftware. Informix habe bereits alle gerichtlichen Schritte eingeleitet, die möglich sind, so Klaus Blaschke, Vice President von Informix Europe. Informix werde jede Programmzeile, die bei Oracle entsteht, prüfen, um zu verhindern, daß die Ex-Mitarbeiter ihr Wissen brühwarm zum Konkurrenten tragen, so Blaschke[31].

Die Reaktion von Informix ist klar, wenn man den immensen Kostenfaktor bedenkt, der hinter der Entwicklung von professioneller Datenbanksoftware steckt. Und den Zeitfaktor, der in diesem schnellebigen Markt entscheidend ist. Blaschke benennt den Zeitvorsprung von Informix gegenüber Oracle mit sechs Monaten. Das ist enorm viel in dieser kurzlebigen Branche. Sechs Monate Zeitverlust können die Marktführerschaft kosten.

Die Heftigkeit der Auseinandersetzung zwischen Informix und Oracle muß einen nicht wundern, wenn man bedenkt, daß sich für Datenbankanbieter aufgrund des Internet-Booms ein Milliardenmarkt eröffnet. Bilder, Töne, Texte oder Videos müssen in großen Datenbanken gespeichert werden. Das Geschäftsjahr 1996 brachte Informix 939,3 Mill. US $ ein, ein Plus von 32 %, das nunmehr im Feuer steht.

---

[29] Korruption bei Mißmanagement, Süddeutsche Zeitung, 14.10.1996

[30] Ein harter Kampf, Handelsblatt, 22/23.2.1997, S. 2

[31] Korruption bei Mißmanagement, Süddeutsche Zeitung, 14.10.1996

6.2.2 Einkauf

Die Darmstädter Staatsanwältin Dorothea Holland ermittelt seit zwei Jahren im Fall Jose Ingnacio Lopez de Arriortua wegen des Verdachtes auf Wirtschaftsspionage[32]. Bei einem Gefolgsmann von Lopez, darunter Jorge Alvarez, den er von Opel zu VW mitgenommen hatte, war brisantes Opel-Material aufgetaucht. Über 200 Dateien auf Disketten waren von den Ermittlungsbehörden sichergestellt worden. In diesen Dateien fanden sich eindeutige Hinweise auf die Begriffe VW und Opel. Das sind Daten, die sich nach Ansicht der Staatsanwaltschaft nicht im Besitz eines Mitarbeiters von VW befinden dürfen. In Branchenkreisen heißt es, daß VW-Dateien mit Opel-Dateien verknüpft worden seien, um die Preise von Zulieferteilen bei vergleichbaren Modellen gegenüberzustellen. Die Staatsanwaltschaft teilte weiterhin mit, daß im Umfeld des beschuldigten Lopez eine Diskette aufgefunden wurde, auf der sich Daten zu Kosteneinsparungsprogrammen für Fahrzeugmodelle der Firma General Motors befanden.

6.2.3 Finanzen

Banken sind ein begehrtes Ziel von Ausspähversuchen. Ein nur auf den ersten Blick wie eine Posse anmutendes Beispiel von Wirtschaftsspionage mit dem Tatwerkzeug Computer wurde für Kunden der Commerzbank bitterer Ernst[33].

Was war passiert? Ein Techniker einer externen EDV-Servicefirma hatte bei der Commerzbank International S.A. in Luxemburg problemlos die Kontonummern, Namen und Anlagebeträge von Commerzbank-Kunden von der Festplatte des Bankcomputers auf einen eigenen Datenträger kopiert. Mit diesen ausgespähten Informationen wollte der Techniker die Commerzbank erpressen und forderte einen einstelligen Millionenbetrag. Die Commerzbank schaltete die Staatsanwaltschaft ein. Der Techniker wurde gestellt. Bei ihm fanden die Ermittler die Kundendaten und leiteten diese an die hocherfreute Steuerfahndung weiter. Mittlerweile sind zahlreiche Verfahren gegen Kunden der Commerzbank wegen Steuerhinterziehung anhängig.

Daß auch ein Eindringen in das Überweisungssystem einer Bank über Modem und Telefonleitung nicht so abwegig ist, zeigt ein Fall in den USA[34]. Russische Computerspezialisten waren in das Überweisungssystem der City Bank eingedrungen und hatten mehr als 15 Mio. DM abgehoben. Ein Mitarbeiter des FBI teilte in New

---

[32] Ein Wirtschaftskrimi..., Tagesspiegel, 16.8.1996, S. 4
[33] Datenklau trifft Anleger, Handelsblatt, 28.8.1995, S. 1
[34] Russische Hacker..., Süddeutsche Zeitung, 21.8.1995, S. 1

York mit, daß das Geld auf Bankkonten in Deutschland, den Niederlanden, Finnland, der Russischen Föderation, den USA, Israel und der Schweiz überwiesen worden sei. Die Computerpiraten hatten insgesamt etwa 40 Überweisungen getätigt. Fragt sich nun, von welchen Konten diese Überweisungen getätigt worden waren. Die Bank beeilte sich jedoch mit der Versicherung, daß kein Kunde zu Schaden gekommen sei.

Auch die großen Kreditkartenorganisationen sehen sich zunehmend den Ausspähversuchen von Kriminellen ausgesetzt. Angriffsziel sind die Zugangsnummern der Kreditkartenkunden zu ihren Konten sowie die zugehörigen PIN-Codes, mit denen die eigentliche Überweisung verifiziert wird. Die Vorgehensweise der Kriminellen wurde durch Wirtschaftskriminalkommissar Klaus Teufele vom Polizeipräsidium München wie folgt beschrieben[35]: Zunächst beschafften sich die Kriminellen über Modem die kundenbezogenen Daten. Dann riefen die bösen Buben bei den recherchierten Kartenbesitzern an, gaben sich als Mitarbeiter der Euroscheck-Zentrale oder der Banken aus und teilten mit, im Computer seien Fehler bei der Zuteilung der PIN-Codes entstanden. Es würden neue PIN-Codes zugeteilt. Zur Umprogrammierung seien jedoch die alten, angeblich ungültigen PIN-Codes notwendig. Mit den Zugangsnummern und den PIN-Codes sollen erhebliche Beträge abgebucht worden sein. Nun müßten die Kartenbesitzer beweisen, daß sie das Geld nicht selbst abgehoben hatten.

Bei diesen Aktionen wird verständlich, daß die Banken sehr zurückhaltend in der Anzeige von Fällen wie diesen sind. Die Banken und Kreditkartenorganisationen werden durch diese Ausspähungen an einer empfindlichen Stelle getroffen: Dem Vertrauen der Kunden in die Sicherheit ihres Geldes bei den Banken. Durch einen Vertrauensschwund werden strategische Ziele der Banken in Frage gestellt, die von großer Bedeutung sind. Mit Hilfe des elektronischen Homebankings lassen sich erhebliche Kosten durch Einsparung von hochqualifizierten Bankangestellten senken. Dies funktioniert aber nur dann, wenn das System sicher ist. Die Risiken durch Wirtschaftsspionage wachsen aber mit jedem neuen Anwender, der sich bei den Rechnern der Banken über T-Online oder das Internet einloggt[36]. Hier muß jedoch präzise differenziert werden. Banking über T-Online gilt im Vergleich zum Banking über das Internet noch als relativ sicher. Im Internet ist das Homebanking jedoch noch mit erheblichen Sicherheitsrisiken behaftet, die die Flanke für das Ausspähen von Kundendaten weit offen lassen. So soll es dem Computerprofi „Lutz Donnerhacke“ in der Fernsehsendung „Plusminus“ gelungen sein, vor

---

[35] Krimineller Datenfluß…, Süddeutsche Zeitung, 13.7.1994, S. 40

[36] Risiko beim Homebanking, Süddeutsche Zeitung, 28.3.1996, S. 41

laufender Kamera unbefugt eine elektronische Überweisung durch ein von ihm eingeschleustes Programm zu veranlassen[37]. Ein Horrorgedanke für jeden Homebanking-Nutzer, der nach den derzeitig gültigen Geschäftsbedingungen der Banken mit hoher Wahrscheinlichkeit den Schaden tragen wird.

Da die Banken kein Interesse daran haben, daß Fälle von Wirtschaftsspionage, in diesem Falle das Ausspähen von Kundendaten, in der Tagespresse bekannt werden, werden sie zu einem potentiellen Ziel von Erpressungen. So ist ein Fall bekannt, bei dem eine Münchner Großbank die von Erpressern ausgespähten Kundendaten zurückgekauft hat. Geregelt wurde diese Angelegenheit in London durch Einschaltung eines privaten Vermittlers. Verstärkt werden diese Probleme durch die Verwendung von Software, die bereits seit 20 Jahren in den Banken im Einsatz ist. Diese Software berge laut Dirk Wölfing vom Debis Systemhaus erhebliche Sicherheitsrisiken.[38]

Nicht nur kriminelle Elemente engagieren sich intensiv in der Wirtschaftsspionage von Finanzdaten. Insbesondere die Geheimdienste westlicher und östlicher Nationen zeigen an Finanzdaten großes Interesse. Ein besonderer Clou ist dabei der CIA in den letzten Jahren gelungen.[39] Von der Firma Inslaw war in den USA ein Computerprogramm namens Promise erstellt worden, das sich besonders gut für die Erstellung von sogenannten Personenprofilen eignete. Personenprofile werden im Fahndungsbereich, aber auch im Marketingbereich benötigt. Das Programm der Firma Inslaw wurde an zahlreiche westliche und östliche Nachrichtendienste, aber auch an Banken verkauft. Darunter war auch die Credit Suisse. Ein kleines, von der CIA in das Programm eingebautes „Extra“, war den Käufern jedoch nicht mitgeteilt worden: Sensitive Datenbestände wurden durch vom Programm induzierte Vorgänge von den Kundencomputern kontinuierlich abgestrahlt und von der CIA abgehört.

Die CIA hat mit Hilfe dieses Programms über Jahre hinweg geheimdienstliche Daten, aber auch gezielt Wirtschaftsdaten, in West- und Osteuropa ausspioniert. Schweizer Banken wurden dabei bevorzugt „besucht“, insbesondere solche, bei denen Konten amerikanischer Firmen oder Staatsbürger vermutet wurden. Die Geschichte ist heiß. Einer der Urheber des Programmes ist unter mysteriösen Umständen gestorben, der andere sitzt heute noch wegen eines nie klar nachgewiesenen Rauschgiftdeliktes in den USA im Gefängnis.

---

[37] Schleusen geöffnet, Spiegel 7/97

[38] Computer-Welt, No. 37, S. 8

[39] Angriff auf die Datensicherheit, ZDF, 24. 4.1996

6.2.4 Marketing, Distribution und Verkauf

Nicht nur das Programm Promise hat Eigenschaften, die dem Anwender unbekannt sind. Auch die Anwender von Microsoft Windows 95 sollten wissen, daß die Microsoft Marktforschung beim Anloggen an das Microsoft Network unbemerkt zu Besuch kommen und Daten aus dem System abfragen kann.

Denn Microsoft hat ein paar feine Überraschungen in seine ActiveX-Programme im Internet Explorer eingebaut. Der Internet Explorer ist ein Programm, mit dem weltweit Millionen von Nutzern, darunter auch zehntausende von Firmen, im Internet navigieren. Das Programm wird standardmäßig bei der Installation von „Windows 95" auf den PC gespielt. Microsoft verspricht in ihrer Werbung mit ActiveX „echt coole web-sites".

Die ActiveX-Technik ermöglicht es den Anbietern im Internet, kleine Programme, sogenannte Controls, von den Webseiten auf den PC eines Netzsurfers zu übertragen. Dann können bunte Logos auf dem Bildschirm tanzen und den Benutzer erfreuen. Allerdings dürfte den meisten Nutzern nicht bekannt sein, was diese Controls in einem Rechner anstellen können. Findet nur ein einziges ActiveX-Control den Weg in den Rechner, sind alle Schleusen für Wirtschaftsspionage geöffnet. Auf dem Rechner können diese Programme dann tun und lassen, was sie sollen. Der Rechner wird für den Benutzer unbemerkt ferngesteuert.

Bereits 1996 waren in den USA Vorwürfe laut geworden, daß Microsoft Programme entwickelt habe, mit denen unbemerkt Daten in den Rechnern der Anwender ausgespäht werden könnten. Microsoft hatte damals noch energisch dementiert. Mittlerweile haben Computerprofis wie „Lutz Donnerhacke" vor laufenden Kameras im Fernsehmagazin „Plusminus" gezeigt, wie mit ActiveX Kundendaten ausspioniert werden können[40]. Vor allem in Firmennetzen kann ein ActiveX-Einbruch verheerend sein. Das liegt daran, daß die unscheinbaren Controls alle Zugriffsrechte haben. Auf diese Weise können Spionageprogramme, von den Firmen unbemerkt, in den Dateien recherchieren oder nach Paßwörtern für speziell gesicherte Dateien suchen. Der Internet Explorer gibt dem Angreifer die Möglichkeit, Wirtschaftsspionen im Hintergrund z.B. den gesamten Inhalt einer Festplatte online zur Analyse zur Verfügung zu stellen.

Da klingt dann auch das Statement von Microsoft-Sprecher Thomas Baumgärtner eher flach, der darauf hinweist, daß jeder sich über die Risiken im klaren sein muß, wenn er Programme aus Datennetzen herunterlädt.[41] Das Debis Systemhaus, Toch-

---

[40] Schleusen geöffnet, Spiegel 7/97

[41] ebenda

ter der Daimler Benz AG, hat aus solchen Erkenntnissen bereits Konsequenzen gezogen. Der Microsoft Internet Explorer wird grundsätzlich nicht eingesetzt.

Auch die Firma Netscape, der Marktführer im Bereich der sogenannten Internet Browser (das sind Softwareprogramme, die das Handling des World Wide Web im Internet wesentlich erleichtern) hat ein paar Überraschungen parat.[42] Netscape hat die sogenannten elektronischen „Cookies“ (Plätzchen) erfunden, mit denen ein Anbieter im Internet feststellen kann, wer seine Informationen oder Angebote angeschaut hat. Leider kann man die Wirkungsweise dieser Plätzchen aber nicht auf diese Information eingrenzen. Mit den „Cookies“ können von Hackern auch Informationen über das Internet-Verhalten eines Nutzers abgerufen werden. Dazu zählen auch Kreditkartennummern. Also kein ganz harmloses Vergnügen, das sich hinter den „Trojanischen Plätzchen“ verbirgt.

Wesentliches Ziel für Spione sind Kundendateien. Die Deutsche Verlagsanstalt wurde durch einen üblen Fall von Datenklau hart getroffen. Ein Mitarbeiter kopierte 700.000 Kundenadressen und spezifische Kundendaten und verkaufte diese Informationen an seinen Auftraggeber bei der Konkurrenz für 5 Pfennig pro Datensatz[43].

Besonders attraktiv ist das Ausspähen von Vorverhandlungen international tätiger Firmen bei großen Wirtschaftsprojekten. Hier kann nach Ansicht des Verfassungsschutzes das Wissen um die Ziele, Pläne und die beabsichtigten Vorgehensweisen der deutschen Geschäftspartner diesen große Nachteile und den anderen große Vorteile bringen. Bei der digitalen Versendung von Informationen für die Erstellung von Angeboten ist Vorsicht geboten.

Diese bittere Erfahrung mußte die Siemens AG in Südkorea machen[44]. Siemens verlor einen Auftrag in Millionenhöhe für ein Hochgeschwindigkeitszug-System, da die Angebote von Siemens an die ausschreibende Regierung immer einen Tick höher ausfielen als die Konkurrenzangebote der TGV aus Frankreich. Erst nach dem Verlust des Auftrages stellte sich heraus, daß der französische Geheimdienst DGSE, sozusagen als „Schützenhilfe“ für die französische Industrie, den digitalen Faxverkehr der Siemens AG gescannt und mitgelesen hatte. Diese Daten wurden dem TGV-Konsortium zugänglich gemacht. Damit war die französische Konkurrenz bestens über die Verkaufsstrategie und die Angebotspreise der Siemens AG informiert. Der Chef der DGSE soll diesen Fall von Wirtschaftsspionage mit den

---

[42] Trojanische Plätzchen..., Tagesspiegel, 15.8.1996, S. 3
[43] Unternehmen müssen..., Computer Zeitung, 5.9.1996, S. 6
[44] Unternehmen müssen..., Computer Zeitung, 5.9.1996, S. 6

Worten kolportiert haben, eine einzige Operation (dieser Art; Anm. des Verfassers) könne das gesamte Jahresbudget wieder hereinholen.[45]

6.3 Informations- und Abschöpfquellen

Bei jeder Art von Wirtschaftsspionage stehen Abschöpfquellen für Informationen im Brennpunkt des Interesses. Unter Abschöpfquellen versteht man Personen, die bewußt oder unbewußt sensible Informationen ausplaudern oder weitergeben. Neben den Mitarbeitern des Angriffszieles gibt es eine Reihe von Abschöpfquellen im Umfeld des Unternehmens. Dazu gehören Zulieferunternehmen und aktuelle Wettbewerber.

Aber auch Branchenexperten in den Medien verfügen über ausgezeichnete Insiderkenntnisse in Branchen oder Unternehmen. Hilfreich ist der elektronische Besuch bei Datenbanken. In Datenbanken lassen sich Informationen über Finanzdaten und Verhaltensmuster eines Unternehmens finden. Nationale und internationale Handelsorganisationen haben einen Überblick über Produzenten, Absatzmittler und Kunden der Zielbranche.

Gewerkschaften sind nützliche Quellen für Daten über Löhne und Gehälter, Arbeitsbedingungen, Managementpositionen sowie über Verhaltensmuster in bezug auf Personalprobleme, ausländische Niederlassungen und Outsourcing. Lobbyistengruppen als Interessenvertreter einer Branche haben exzellente Insiderinformationen. Analysten in Investmentbanken beobachten die Grunddaten und die Veränderungsleistungen von Ländern, Branchen und einzelnen Unternehmen. Fakultäten von Universitäten und Hochschulen arbeiten eng mit der Industrie zusammen. Bei diesen Projekten arbeiten sie vornehmlich mit Studenten zusammen. In Anbetracht eines knappen Studentenbudgets ist die Versuchung groß, das Budget durch Weitergabe von Daten aufzubessern.

[45] Unternehmen müssen..., Computer Zeitung, 5.9.1996, S. 6

7 Was sind die Daten wert?

Besitzt ein Unternehmen überhaupt Informationen, bei denen es sich lohnt, diese gegen Wirtschaftsspionage zu schützen? Ja, der Meinung bin ich, denn wer keine Informationen hat, die seinem Unternehmen im Wettbewerb einen Vorteil verschaffen, der kann sich nicht lange im Markt halten. Eine Kundendatei mit Preisen und Konditionen ist für jedes Unternehmen von Bedeutung und Wert. Das gleiche gilt für eine Datei mit Einkaufspreisen. Weniger brisant ist möglicherweise eine Datei mit Korrespondenz. Aber auch nur möglicherweise, es könnte sich ja um Vorstandsprotokolle handeln, aus der geplante strategische Entscheidungen des Unternehmens hervorgehen.

Wir leben in einer Informationsgesellschaft, in der Unternehmen mit dem Rohstoff Information Geld machen. Entsprechend der Qualität und der strategischen Bedeutung ist demzufolge der Wert der Informationen anzusetzen, die ein Unternehmen hat, sein Konkurrent jedoch nicht.

Bereits 1988 schätzte das Max Planck Institut den Schaden durch Wirtschaftsspionage in der deutschen Wirtschaft auf mindestens acht Milliarden Mark.[46] Die tatsächlichen Einbußen müssen allerdings weitaus höher gewesen und seitdem gestiegen sein, so das Landesamt für Verfassungsschutz in Baden-Württemberg.[47]

Gemäß einer Schätzung des Federal Bureau of Investigation (FBI) belaufen sich die jährlichen Verluste durch elektronische Angriffe auf den Wirtschaftsraum USA auf ca. 7,5 Mrd. US $.[48] Gemäß einer Studie der WP-Gesellschaft Ernst & Young LLP berichten 12 Prozent der befragten Firmen in den USA über einen finanziellen Schaden von bis zu einer Viertel Million Dollar. Insgesamt 20 der befragten 1300 Unternehmen gaben einen Schaden von über einer Million Dollar an.[49]

General Motors hat nie eine klare Schadensforderung gegenüber VW benannt. Experten gingen jedoch von bis zu vier Mrd. US Dollar aus. Der bekanntgewordene Preis des Vergleiches bei der Volkswagen von General Motors unterstellten Wirtschaftsspionage lag bei 100 Mio. DM. Volkswagen schätzt darüber hinaus den Schaden durch entgangene Gewinne in dreistelliger Millionenhöhe. Nicht im Detail bekannt sind die zwischen VW und General Motors getroffenen Nebenabreden. Es ist jedoch ein offenes Geheimnis, daß VW sich über Jahre hinweg verpflichten

[46] Impulse, 3/97, S. 13 ff

[47] ebenda

[48] Open Computing Cover Story, Maxbit, 23.3.1996

[49] Internet Studie..., Computer Zeitung, 30.11.1995, S. 2

mußte, Zulieferteile von General Motors, dem stärksten Wettbewerber, zu kaufen. Dazu kam der peinvolle Imageverlust für VW.

Die Firma Bosch nennt in einem Fall von Wirtschaftsspionage zwar keine exakte Schadenssumme, in einer Firmenmitteilung geht man jedoch von einem „irreparablen, existenzbedrohenden Schaden" aus, der durch den Geheimnisverrat eines Bosch-Mitarbeiters entstanden sei.[50]

Der Windanlagenbauer Enercon GmbH in Aurich schätzt den Schaden, der durch den erfolgreichen Spionageangriff des US-Konkurrenzunternehmens Kenetech Windpower entstanden ist, in dreistelliger Millionenhöhe. Enercon habe durch den Angriff den Markt in den USA verloren.[51]

Es ist sicher nicht einfach, die Höhe eines Schadens und damit auch die Schadenersatzforderung zu berechnen und zu beweisen. Ein Weg zur Bemessung der Schadenssumme kann ein Gutachten sein, in dem ermittelt wird, welche Kosten dem Unternehmen entstanden sind, um diese Informationsvorteile zu erlangen. Setzt man beispielsweise als Kostenfaktor für eine Kundenadresse nur 3 Mark an, so ergibt sich, wie im Falle der Deutschen Verlagsanstalt, bei 700.000 Kundenadressen ein potentieller Schaden in Höhe von 2,1 Mio. Mark. Die Firma Informix geht in der Klage gegen Oracle von 144 Mann-Monaten hochbezahlter Entwickler aus.[52] Wie aber läßt sich der potentielle Verlust der Marktführerschaft für Informix bewerten? Hier wird rasch klar, wie schnell die Schadenssumme eine enorme, für das betroffene Unternehmen existenzbedrohende Höhe erreichen kann.

---

[50] Kritik an Wirtschaft, Handelsblatt, 18.12.1996, S. 5

[51] Handelsblatt, 29.8.1996, S. 2, Impulse, 3/97, S. 13 ff.

[52] Ein harter Kampf, Handelsblatt, 22/23.2.1997, S. 2

8 Wer späht die Daten aus? – Täterprofile und Motive

Zu den wesentlichen Auftraggebern bei Ausspähangriffen gegen Unternehmen und die zugehörigen Entscheidungsträger zählen laut einer Studie der WP-Gesellschaft Ernst Young LLP Konkurrenzunternehmen mit 39 %, Kunden mit 19 %, Zulieferer mit 9 % und Geheimdienste mit 7 % der Fälle. Die schmutzige Arbeit wird von den eigenen Mitarbeitern, privaten Spionagefirmen, bezahlten Hackern und Profis von Geheimdiensten gemacht[53] (vgl. dazu Abbildung 4).

8.1 Eigene Mitarbeiter (Insiderdelikte)

Die größte Spionagegefahr gehe von den eigenen Mitarbeitern aus. So urteilt der baden-württembergische Verfassungsschützer Scheiterle.[54] Vor allem enttäuschte Mitarbeiter seien eine Gefahr für jedes Unternehmen. Sie ließen sich in zahlreichen Fällen durch Geld anwerben, spähten Betriebsgeheimnisse aus und übermittelten diese an ihre Auftraggeber. Das baden-württembergische Landesamt wirft in seinem Bericht zur Wirtschaftsspionage den Unternehmen in Deutschland eine „ungenügende Berücksichtigung der Zuverlässigkeit, Vertrauenswürdigkeit und psychischen Stabilität" bei sicherheitsrelevanten Personalentscheidungen vor.[55]

Bei einer Internet-Tagung von 95 Datensicherheitsexperten anläßlich der Computer Security Conference in Washington gaben nahezu alle Experten an, daß sie die Spionagegefahr durch unzufriedene Mitarbeiter an erster Stelle des Risikopotentials sehen.[56]

Wirtschaftsspionage, sofern man beim Jobwechsel ein Paar Daten auf Diskette mitnimmt, gilt in den Führungsetagen der deutschen Unternehmen als „Kavaliersdelikt". Der Fall Lopez wirft in den Unternehmen die Frage auf, warum der Datenklau als Kavaliersdelikt gesehen wird. Meines Erachtens ist ein Unrechtsbewußtsein hinsichtlich des persönlichen Datenklaus beim Jobwechsel bei Führungskräften oder Mitarbeitern kaum existent. Denn das, was heute Lopez vorgeworfen wird, ist häufig geübte Praxis. Informationen werden zur Konkurrenz mitgenommen. Und da dieses Wissen umfangreich ist und weiterbearbeitet werden soll, wird es meist auf Disketten oder PCs mitgenommen. Bei einem Jobwechsel gehen häufig

[53] Internet Studie…, Computer Zeitung, 30.11.1995, S. 2
[54] Unternehmen müssen…, Computer Zeitung, 5.9.1996, S. 6
[55] ebenda
[56] Internet stellt Risiko…, Computerwoche, 5.5.1995, S. 2

auch Daten über Technologien, Absatzstrategie, Preisgestaltung und Konzepte des früheren Arbeitgebers mit. Somit wird jeder Wechsel innerhalb einer Branche zur Gratwanderung zwischen persönlicher Veränderung und Wirtschaftsspionage.

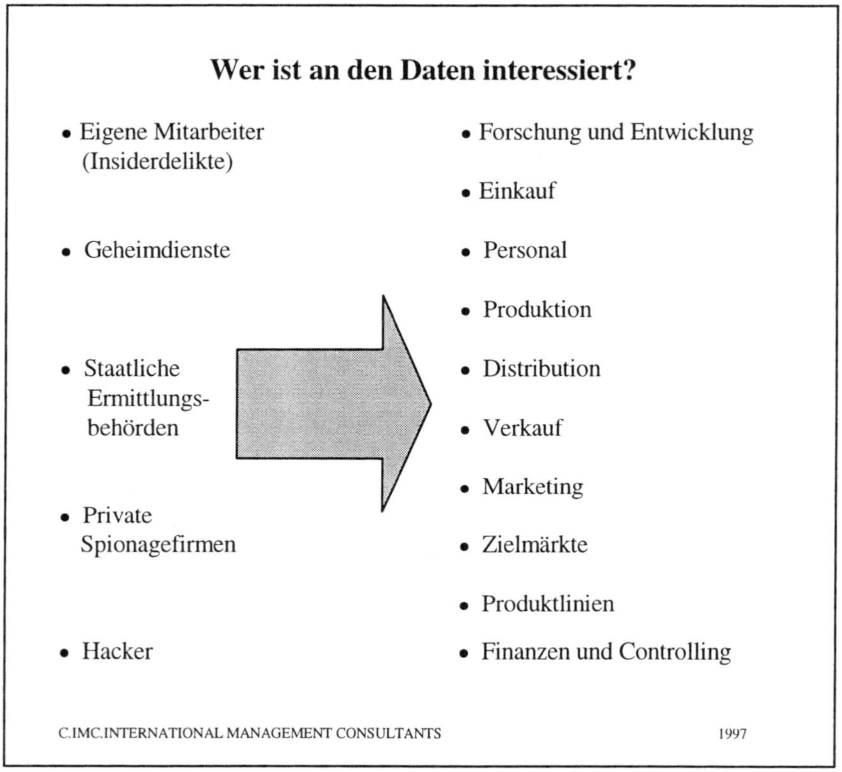

Abb. 4: Wer ist an den Daten interessiert?

Wenn von Wirtschaftsspionage durch eigene Mitarbeiter die Rede ist, so muß auch über die „denunzierte Wirtschaftsspionage" gesprochen werden. Darunter ist ein durch die Unternehmensleitung geschickt vorgetäuschter Fall von Wirtschaftsspionage zu verstehen, um einen hochbezahlten oder unliebigen Mitarbeiter loszuwerden. Das funktioniert nach Aussagen von Experten des LKA München in der Praxis folgendermaßen: Ein Mitarbeiter wird von der Unternehmensleitung verdächtigt, für das Unternehmen lebenswichtige Informationen ausspioniert und an die Konkurrenz weitergegeben zu haben. Dieser Schlag sitzt in der Regel und macht den Mitarbeiter hinsichtlich der Auflösung seines Arbeitsvertrages gefügig. Für den Mitarbeiter ist es ausgesprochen schwer, seine Unschuld zu beweisen. Wenn diese Maßnahmen seitens des Unternehmens nicht ausreichen, wird Anzeige bei der Staatsanwaltschaft wegen Geheimnisverrat erstattet. Die Ermittler klingeln frühmorgens bei dem „Verdächtigen" und durchsuchen seine Wohnung und das Büro. Wer das schon einmal erlebt hat, weiß, wie sehr die Betroffenen, und dazu zählen auch die Familienmitglieder, nach so einer Maßnahme mit den Nerven am Ende sind. Wer jetzt noch nicht der gütlichen Einigung zur Auflösung des Arbeitsvertrages zustimmt, der muß schon extrem starke Nerven haben. Doch das hätten die meisten der auf die Abschußliste gesetzten Mitarbeiter in der Regel nicht. Die Vereinbarung wird in der Regel akzeptiert und das Unternehmen ist den lästigen Mitarbeiter los. Diese Methoden sind leider keine Erfindung. Die Ermittlungsbeamten sind ausgesprochen sauer, daß sie in solchen Fällen zunehmend als unfreiwillige Handlanger der Unternehmensleitung mißbraucht werden.

8.2 Geheimdienste

Nach Ende des Kalten Krieges waren die westlichen und östlichen Geheimdienste vorübergehend arbeitslos. In der internationalen Spionagetätigkeit war eine Ruhepause eingetreten. Diese Ruhepause scheint nun vorbei zu sein. Die Aufmerksamkeit der Spione gilt heute nicht mehr der Bundeswehr und der deutschen Militärtechnik, sondern vielmehr dem wirtschaftlichen Bereich. Ein Abwehrexperte ging in einem Interview der deutschen Presseagentur gar so weit, zu behaupten, daß sich Geheimdienste zu einer Waffe im Wirtschaftskrieg entwickeln.[57]

Man geht davon aus, daß sich in Deutschland Hunderte von Wirtschaftsspionen aufhalten. Aus dem Osten sind es vor allem russische Profis, die aufgrund der Erkenntnisse des Verfassungsschutzes in der Bundesrepublik versuchen, an wissenschaftliche Top-Entwicklungen und Zukunftstechnologien heranzukommen. Laut Verfassungsschutzchef Eduard Vauderer seien aus den verschiedenen Abteilungen des KGB mittlerweile vier Nachrichtendienste hervorgegangen.[58] Darunter befänden sich der FAPSI, der fernmeldetechnische Aufklärung betreibe, der zivile Auslandsnachrichtendienst SWR, der frühere sowjetische Militärdienst GRU sowie der FSB, der im Inland tätig sei. Insgesamt kämen diese Institutionen auf etwa 90.000 Mitarbeiter. Aber auch chinesische und nahöstliche Geheimdienste trachten nach geheimen Daten deutscher Unternehmen. In vielen Ländern, in denen das Schmiergeldwesen zum Tagesgeschäft gehört, ist das elektronische Ausforschen des Verhandlungspartners gang und gäbe. Aus China hört man, daß bei der Zollkontrolle

[57] Deutschland ist wieder..., Tagesspiegel, 17.8.1996, S. 12
[58] ebenda

die Notebooks und Laptops der ein- und ausreisenden Geschäftsleute sehr lange in den Büros der Zollbeamten verschwinden. Man geht davon aus, daß nicht verschlüsselte Festplatten dort kopiert werden.

Das Abkupfern von geheimen Daten spart Kosten und Zeit bei der Entwicklung der eigenen, zurückgebliebenen Wirtschaft. So sehen das auch die Führungskräfte aus dem Osten, die unumwunden deutlich machen, daß Spionage im Westen, insbesondere in Deutschland, wichtig sei, um die Wirtschaft des eigenen Landes zu stärken. Boris Jelzin, der Präsident der Russischen Föderation und Freund von Bundeskanzler Kohl, hat die russischen Nachrichtendienste öffentlich dazu aufgerufen, Wirtschaftsspionage gegen westliche Unternehmen zu betreiben. Der Westen möge doch Verständnis dafür haben, so Jelzin, wenn die Russische Föderation mit diesen Methoden den technologischen Vorsprung verkürze.[59]

Nicht nur für frühere Feinde, auch für befreundete Nationen ist Wirtschaftsspionage ein fester Bestandteil des Kampfes um Marktanteile. Der Ex-Verfassungsschutzmann Karkowsky hält die Wirtschaftsspionage westlicher Staaten für besonders gefährlich, weil die hochtechnologisierten Länder das abgeschöpfte Know-how schnell und effektiv umsetzen können.[60]

Die Vereinigten Staaten sind sehr aktiv im Bereich der digitalen Wirtschaftsspionage. So unterhalten die USA in der Nähe von Washington eine Behörde, die sich NSA (National Security Agency) nennt. Die NSA hat über 40.000 Mitarbeiter. Ziel der NSA ist die Überwachung der weltweiten elektronischen Kommunikation. Seit Jahren führend in der Kommunikationstechnologie, hat die NSA längst die Weichen gestellt, um den Informationsaustausch international tätiger Unternehmen zu belauschen. Digital belauschen ist technisch einfach. Spezielle Suchprogramme suchen nach Schlüsselbegriffen in den analog oder digital übermittelten Informationen. Mit dieser Technik lassen sich ohne großen Personalaufwand Hunderttausende von Telefongesprächen, Faxen und E-Mails nach den jeweils gesuchten, kombinierten Schlüsselbegriffen scannen. Wenn ein Schlüsselbegriff gefunden wird, wird die Kommunikation aufgezeichnet, automatisch nach Trefferquoten gewichtet und die Quintessenz von Experten ausgewertet. Der entscheidende Tip im Fall Lopez jedenfalls soll von der NSA an General Motors weitergegeben worden sein. Die Amerikaner sollen eine geheime Videokonferenz mit den Wolfsburgern mitgeschnitten haben, als Lopez noch Manager bei Opel war.[61]

---

[59] Deutschland ist wieder..., Tagesspiegel, 17.8.1996, S. 12

[60] Gestiegenes Aufklärungsinteresse..., Handelsblatt, 16.9.1996, S. 21

[61] Deutsche Betriebe..., Impulse, 3/97, S. 13

Die deutschen Geheimdienstler halten sich nach Angabe des baden-württembergischen Verfassungsschützers Wolfgang Scheiterle aufgrund von leeren Kassen und dünner Personaldecke eher zurück.[62]

8.3 Staatliche Ermittlungsbehörden

Natürlich ist es jedem Bürger recht, wenn Mafia, Cosa Nostra oder andere kriminelle Organisationen elektronisch überwacht werden. Das Ausspionieren der Kommunikationswege ist ein notwendiges Mittel im Kampf gegen das organisierte Verbrechen. Mit ausgefeilten nachrichtendienstlichen Methoden werden Nachrichten ausgespäht, die den Ermittlungsbehörden Informationen über kriminelle Aktivitäten liefern.

So haben beispielsweise die Ermittler bei der Aktion „Goldfisch" über 30.000 Nachrichten abgehört und größtenteils mit Hilfe von speziellen Softwareprogrammen digital ausgewertet.[63] Ein Ring von international tätigen Kriminellen wurde verdächtigt, in großem Stil gefälschte Computerplatinen zu überhöhten Preisen verhökert zu haben. Die deutschen Kripobeamten zapften sechs ISDN-Telefonleitungen, fünf analoge Telefonleitungen und ein Handy an. Weiterhin wurde auch ein Internet-Anschluß überwacht. Die Ermittler knackten im Januar 1996 die CompuServe Internet-Anbindung der Verdächtigen. Über diesen Internet-Anschluß hatten die Kriminellen zahlreiche illegale Geschäfte abgewickelt. Die Aktion wurde ein Erfolg. Mehr als 16 Verdächtige wurden verhaftet.

Das ist eine positive Anwendung der technischen Möglichkeiten zur digitalen Ausspähung von in diesem Falle illegalen Handlungen eines Unternehmens. Aber mit diesen perfekten digitalen Methoden können natürlich auch die Daten von Unternehmen ausspioniert werden, die sich nichts zu Schulden haben kommen lassen. Durch die Nutzung der perfekten Möglichkeiten der elektronischen Überwachung durch staatliche Behörden kommen wir George Orwells „Großem Bruder" in seinem Roman „1984" gefährlich nahe. Ein Unternehmen, daß keine vertraulichen Informationen hat, gibt es nicht, denn ohne einen Informationsvorsprung könnte kein Unternehmen bestehen. Auch staatliche Ermittlungsbehörden sind nicht gegen Korruption gefeit. Die Gefahr für die Unternehmen liegt heute darin, daß korrupte Mitarbeiter staatlicher Behörden gegen Bezahlung die elektronischen Spionagewerkzeuge des Staatsapparates perfekt zur Ausforschung von Unternehmen oder Personen einsetzen könnten.

---

[62] Unternehmen müssen..., Computer Zeitung, 5.9.1996, S. 6

[63] Goldfisch Aktion..., Süddeutsche Zeitung, 2.12.1996, S. 22

Dies gilt auch für die Steuerfahndung, die mittlerweile ein waches Auge auf den Datenhighway hat. Auslandstelefongespräche mit Luxemburg werden beispielsweise systematisch auf Schlüsselworte wie „Konto“ oder „Geldanlage“ hin ausgespäht und verwertet. Wenn weiter gegen einen Verdächtigen ermittelt wird, so greifen die Experten bei einer Haus- oder Bürodurchsuchung zunächst auf die dort befindlichen Computer zu. Zunächst werden Kopien der Festplatte und aller vom Datum her in Frage kommenden Dateien auf Diskette gezogen. Wer glaubt, daß ein Paßwort von Word, Excel oder anderen Programmen hier einen Schutz vor den strengen Augen des Gesetzes bietet, der hat sich getäuscht. Diese Paßwörter sind mit voller Absicht von den Herstellern so gestaltet, daß sie ein Gymnasiast in der jeweiligen INI-Datei findet und knackt. Auch das Löschen von Dateien mit sensiblem Inhalt nützt nichts. Gelöschte Dateien auf Disketten und Festplatten sind meist nur logisch im Dateiverzeichnis, nicht jedoch physisch gelöscht. Die sensiblen Dateien werden durch die Profis in den Ermittlungsbehörden mit speziellen Softwareprogrammen wieder lesbar gemacht und ausgewertet.

8.4 Private Spionagefirmen

Mittlerweile vermengen sich die private und staatlich gesteuerte Spionageszene. Wirtschaftsspionage ist eine Wachstumsbranche. Ex-Agenten heuern in Unternehmen an oder machen sich selbständig, um die ausgespähten Informationen meistbietend zu verkaufen.

Ausspähprojekte werden als „Competitive Analysis“ von Unternehmensberatungen durchgeführt oder als „Corporate Intelligence“ von spezialisierten Spionagefirmen getarnt. In der Regel werden legale Methoden eingesetzt. Aber es gibt zahlreiche Firmen, die sich auch illegaler Methoden bedienen. Diese Firmen arbeiten häufig sowohl als Sicherheitsberater als auch als Detekteien, die gegen Auftrag Informationen beschaffen. Die Anzahl der Unternehmen, die sich auf das Ausspähen von Daten spezialisiert haben, wächst ständig. Alleine im Internet lassen sich über 100 international tätige Firmen finden.

8.5 Hacker

Hacker sind Computerprofis, die sich mit ihren meist exzellenten Spezialkenntnissen Zugang zu Computersystemen verschaffen können. In den Gründerjahren der Hackerszene waren es in erster Linie die Freaks, die in Computersysteme eindrangen. Es war eines Sache der „Ehre“ sich damit zu brüsten, die Sicherheitsvorkehrungen von Rechnersystemen zu überwinden.

Unter den zahlreichen geknackten Systemen befanden sich auch Superrechner des Pentagon in den USA, des FBI und der EU-Verwaltung in Brüssel. Die Pentagon-Story wurde in „War Games" verfilmt. Der Story des Filmes nach knackte ein amerikanischer Hacker, ein pubertierender Schüler, den Zugangscode zu einem Militärrechner, auf dem sich ein nukleares Abwehrprogramm der Streitkräfte der USA befand. Der Zugriff des Hackers löste um ein Haar einen Atomkrieg aus. In letzter Sekunde gelang es den Computerprofis, den „bösen Computer" in einem strategischen Schachspiel zu schlagen und den Weltfrieden zu retten.

So glimpflich ist die Sache in Japan nicht abgegangen. Dort gelang es Hackern, die Mitglieder der AUM-Sekte waren, aus einem militärischen Computersystem Rezepturen für die Herstellung von Giftgas zu kopieren.[64] Die professionellen Hacker knackten das Sicherheitssystem des Computers eines chemischen Forschungslaboratoriums. Die Rezepturen waren die Grundlage zur Entwicklung des Giftgases, das in der Tokioter U-Bahn für den schrecklichen Terrorangriff gegen unschuldige Zivilisten eingesetzt wurde.

Die Zeiten des Hackens „für die Ehre" scheinen zu Ende zu gehen. Zunehmend werden Hacker eingesetzt, um mit ihren Spezialkenntnissen gegen Auftrag Wirtschaftsspionage oder -sabotage zu betreiben.

[64] Unternehmen müssen…, Computer-Zeitung, 5.9.1996, S. 6

9 Welche Instrumente und Methoden werden eingesetzt?

Nach Angaben der Verfassungsschützer und des Bundesministeriums für Wirtschaft werden von Wirtschaftsspionen alle erprobten nachrichtendienstlichen Instrumente und Methoden angewandt.[65] Diese Methoden sind eine konkrete Bedrohung für strategisch wichtige Daten des Unternehmens. Die Methoden der Wirtschaftsspionage lassen sich in folgende Bereiche strukturieren (vgl. dazu Abbildung 5):

9.1 Diebstahl von Rechnern und Datenträgern

Bedrohungspotential:

- der unautorisierte Zugriff auf Dateien,
- der unautorisierte Zugriff auf Programme,
- der unautorisierte Zugriff auf im Klartext gespeicherte Paßwörter.

Die zunehmende Mobilität des Arbeitsplatzes hat ihren Preis hinsichtlich der daraus entstehenden Bedrohung für die gespeicherten Daten. Der Diebstahl eines Laptops oder Notebooks eines Entscheidungsträgers kann katastrophale Folgen haben.

9.2 Zugriff auf Datenspeicher

Bedrohungspotential:

- die Umgehung von Zugangs- und Zugriffsmechanismen,
- der unautorisierter Zugriff auf in Klartext gespeicherte Paßwörter,
- die Weitergabe von Paßwörtern an Dritte,
- der unautorisierte Zugriff auf Universalberechtigungen,
- der unautorisierte Zugriff auf Dateien oder Auslagerungsdateien,
- der unautorisierte Zugriff auf Programme,
- der unautorisierte Zugriff auf das Tastaturprotokollsystem,
- der unautorisierte Zugriff während einer Arbeitsunterbrechung,

[65] Informationen für geheimschutzbetreute Unternehmen, BMWI, 1997, S.3 ff.

- das unautorisierte Löschen von Dateien und Programmen,
- unautorisiertes Verändern von Dateien, Programmen und Systemeinstellungen,
- Drucken im ungesicherten Bereich,
- Zugriff auf die Druckerspooldatei.

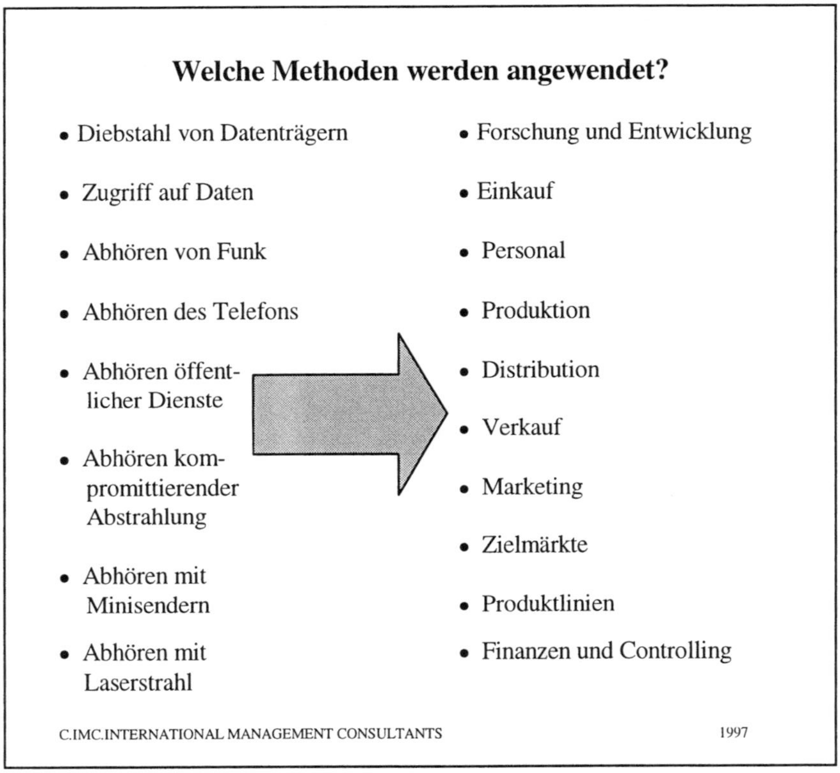

Abb. 5: Welche Methoden werden angewendet?

Mit Standard-Kopierprogrammen, die in den Dateimanagern der Betriebssysteme vorhanden sind, können sensible Daten schnell und unbemerkt von Datenträger auf Datenträger auch innerhalb eines Netzwerkes kopiert werden.

Für größerer Datenmengen, die von der Festplatte eines im Netz befindlichen Rechners auf einen externen Rechner kopiert werden sollen, werden Programme wie „Lap-Link“ oder andere mehr angeboten.

9.3 Abhören von Informationen, die über Funk kommuniziert werden

Bedrohungspotential:

- das Aufzeichnen der Datenströme,
- die Verfälschung von Datenpaketen bei der Übertragung.

Die Amerikaner unterhalten zwei satellitengesteuerte Abhöranlagen, eine davon in Bad Aibling, die andere in Gailingen bei Augsburg. Mit diesen Anlagen können nachweislich jederzeit gewünschte Zielanschlüsse ausgespäht werden.

In der Bundesrepublik arbeiten heute folgende Funknetze, die alle mit entsprechender Ausrüstung und Aufwand an den jeweiligen Schwachstellen abgehört werden können:

- **C-Netz:** Das C-Netz ist das älteste Mobilfunknetz in der Bundesrepublik. Es basiert auf der analogen Übertragungstechnik. Dieses Übertragungsverfahren kann sehr einfach mit sogenannten „Scannern" abgehört werden. Die von der Telekom angebotene Option der Sprachverschleierung bietet nur einen geringen Schutz.
- **D1-, D2- und E-Netz:** In den D-Netzen erfolgt die Übertragung digital. Auch Faxe und Daten werden zunehmend über Funk digital übermittelt. In den nach dem GSM-Standard arbeitenden Systemen wird die Übertragung durch Verschlüsselung wirksam geschützt. Dieser Schutz bezieht sich jedoch nur auf die Funkübertragungsstrecken. Im Bereich der telefonleitungsgebundenen Übertragung ist die Übertragung jedoch nach wie vor ungeschützt.
- **Modacom:** Mit diesem Datenfunknetz der DeTeMobil ist es möglich, daß sich mobile Funkmodems in das Telefonnetz einloggen. Die Funkmodems sind in der Regel an mobilen Laptops oder Notebooks angeschlossen. Insbesondere im Außendienstbereich findet man immer öfter Informationssysteme, die auf der Ankoppelung des mobilen Computers an den Zentralrechner basieren. Da die Übermittlung der digitalen Daten unverschlüsselt erfolgt, ist das Abhören und Ausspähen von diesen Daten relativ einfach.
- **Bündelfunk:** Unter Bündelfunk werden regionale Funksysteme zusammengefaßt, die Sprache oder Daten zwischen mobilen Geräten und ortsfesten Geräten ermöglichen. Dazu zählen Regio-Net, Terrafon-Verbund, Sprintel, Chekker und andere). Das Abhören und Ausspähen von Daten ist ebenso einfach wie im Modacom-Bereich.

- **Satellitendienste:** Weltweite Daten-, Sprach- oder Faxkommunikation wird über Satellitendienste wie Immarsat-A, -A HSD, -M, oder -C abgewickelt. Diese Kommunikation ist ein bevorzugtes Ziel erfolgreicher nachrichtendienstlicher Funk- und Fernmeldeaufklärung.
- **Paging-Dienste:** In der Bundesrepublik sind folgende Paging-Systeme im Einsatz: Cityruf-Text, Cityruf-Numerik, Cityruf-Ton, Scall und Omniport sowie vor allem Eurosignal. Das Abhören dieser Kommunikationsmittel ist zwar möglich, bringt jedoch nur dann verwertbare Resultate, wenn dem Angreifer die Bedeutung der zwischen dem Sender und Empfänger vereinbarten Signale bekannt ist.

9.4 Abhören von Informationen, die über Telefonleitungen kommuniziert werden

Bedrohungspotential:

- das Aufzeichnen der Datenströme,
- die Verfälschung von Datenpaketen bei der Übertragung.

In der Bundesrepublik sind Telefonleitungen im öffentlichen Netz der Telekom ungeschützt. Die Übertragung von analogen oder digitalen Signalen ist offen. Zur Ausspähung oder Manipulation von Informationen, die über das Telefonnetz übertragen werden, werden folgende Hilfsmittel eingesetzt:

- **War Dialer:** Dies sind Programme, mit denen der Angreifer interessante Telefonnummern mit Statusangaben in speziellen, vordefinierten Bereichen suchen kann.
- **Modems:** Modems werden zur Attackierung von EDV-Systemen und zur Manipulation von Schalteinrichtungen eingesetzt.
- **Tonwähler:** Tonwähler, auch Ton-Dialer genannt, werden zur Manipulation von Telefonleitungen eingesetzt.
- **Calling Card Codes:** Dies sind die „gehackten“ Nummern von Telefonkarten, die zur unauthorisierten Nutzung von Telefonlinien verwendet werden.

9.5 Abhören von öffentlichen Diensten

Bedrohungspotential:

- das Aufzeichnen der Datenströme,
- die Verfälschung von Datenpaketen bei der Übertragung.

In öffentlichen Netzen ist die Sicherheit durch Abhörangriffe, Manipulationen von Daten und Systemen, Wiederholen (replay), Verzögern oder Verändern von Informationen, Vortäuschen falscher Kommunikationsverbindungen oder Partner sowie durch physische Angriffe auf Verbindungen und Kommunikationseinrichtungen selbst erheblich gefährdet.

Zu den öffentlichen Diensten zählen:

- **ATM-Netz:** Die Deutsche Telekom bietet mit dem ATM-Netz (Asynchronus Transfer Mode) ein universelles Breitbandnetz (bis 155 Mbits/s) mit flexibler Übertragung von Sprache, Daten und Bildern an. ATM-Netze werden sowohl im privaten als auch im öffentlichen Bereich eingesetzt.
- **Breitbandnetze:** Mit Breitbandnetzen werden Begriffe wie Datenautobahn und Datenhighway verbunden. Breitbandnetze erlauben eine Übertragungsgeschwindigkeit von 2 MB/s. Sie kommunizieren über flächendeckende Glasfaserverbindungen und entsprechende Übertragungsverfahren.
- **BTX:** BTX (Bildschirmtext), ehemals ein Sorgenkind der Telekom, hat sich durch die Erweiterung mit T-Online insbesondere im Bereich des Homebankings eine stetig wachsende Anwenderzahl gesichert. BTX basiert auf einem WAN (Wide Area Network)-Kommunikationsverbund.
- **Datex-M:** Datex-M nutzt die Breitbandkommunikation zur Verbindung von lokalen oder überregionalen LANs (Local Area Networks). Datex-M arbeitet mit dem SMDS (Switched Multimegabit Data Service) und die ATM/DQDB-Basistechnologie sorgt für eine volle Kompatibilität zu ATM-Netzen.
- **Datex-P:** Im Datex-P-Netz werden die Daten paketweise vermittelt. Als Standard gilt das nach CCITT (Comité Consultatif International de Telegraphique et Telefone)-Standard entwickelte X.25 Protokoll. Die Bundesstelle für Sicherheit in der Informationstechnik hat festgestellt, daß in diesen paketvermittelten Diensten das Risiko für ein Ausspähen und Manipulieren von sensiblen Daten ebenso hoch ist wie bei leitungsgebundenen Kommunikationsnetzen.

- **Datex-L:** Die leitungsvermittelte Datenübertragung im IDN (Integriertes Text- und Datennetz), wie zum Beispiel Telex und Teletex.

- **Frame-Relay:** Im Frame-Relay-Verfahren werden durch den HDLC (High Level Data Link Control)-Standard die Vorteile von Leitungsvermittlung und Paketvermittlung kombiniert. Durch dieses Protokoll wird der Zugang zu Netzwerken geregelt. Mit Hilfe einer physikalischen Schnittstelle können mehrere logische Verbindungen zu verschiedenen Kommunikationspartnern aufgebaut werden.

- **ISDN:** Mit dem Begriff ISDN (Integrated Services Digital Network) sind die wesentlichen Leistungsmerkmale der „state of the Art"-Kommunikationstechnik verbunden. Sprache, Daten und Bilder werden über dieselbe Leitung übertragen. Nahezu alle modernen Tk-Anlagen (Telekommunikationsanlagen) basieren auf der ISDN-Technik.

- **Online-Dienste:** Bei den Online-Diensten wird zwischen sogenannten proprietären Diensten und freien Diensten (Provider) unterschieden. Wesensmerkmal der proprietären Dienste ist, daß sie einer eingeschränkten Anzahl von Mitgliedern Informations-, Einkaufs- und Kommunikationsmöglichkeiten anbieten. Mittlerweile ermöglichen alle proprietären Anwender den Zugang zum Internet, da die weltumspannenden, flexiblen Möglichkeiten des Internets von den Anwendern gefordert wurden. Zu den großen Online-Diensten, die eine Auffahrt zum Datenhighway ermöglichen, zählen: T-Online, AOL (America Online), CompuServe und MSN (Microsoft Network).

- **Provider:** Ein Provider ist durch eine Standleitung mit einem Knotenrechner verbunden, der seinerseits in den internationalen Leitungsverbund des Internet geschaltet ist.

Über das Internet kommunizierte Informationen werden über das TCP/IP-Protokoll als Datenpaket von einem Rechner an den nächsten vermittelt. Dabei können die Rechner, die eine Nachricht von Punkt A nach Punkt B weitergeben, bei jedem Kommunikationsvorgang unterschiedlich sein.

Während das Internet in den ersten Jahren in erster Linie vom Militär und später vom Hochschulbereich genutzt wurde, bedienen sich heute zunehmend auch Unternehmen der Internet-Technologie. Die wesentlichen Einsatzbereiche des Internets liegen bei den Unternehmen in der Kommunikation, im Vertrieb und in der Werbung.

Die Daten, die bei Nutzung eines Online-Dienstes oder des Internets kommuniziert werden, sind weder vor Zugriff noch vor Manipulation oder Verlust geschützt. So haben sich die Amerikaner längst als versteckter „Verkehrskontrolleur“ auf den Datenhighway begeben. Durch ein sogenanntes West-Gate und ein East-Gate werden E-Mails und Dateitransfers ausgespäht. Datenpakete können in den Vermittlungsrechnern je nach ihrem Ursprungs- oder Zielort einfach ausgefiltert, gestoppt, verändert und zur Auswertung abgezweigt werden.

9.6 Abhören von Informationen, die von EDV-Komponenten abgestrahlt werden (Kompromittierende Abstrahlung)

Bedrohungspotential:

- Aufzeichnen der Datenströme.

Jeder Rechner, ob Notebook, PC, Server oder Mainframe, gibt bei gewissen Datentransfervorgängen Signale ab. Das kann man selbst leicht testen, indem man ein Radiogerät neben den Rechner stellt und Daten von der Festplatte auf Diskette kopiert. Die als Rauschen im Radio hörbaren Signale kann selbst ein in einigen Metern Entfernung stehendes normales Fernsehgerät empfangen.

Die Ausbreitung der kompromittierenden Abstrahlung erfolgt folgendermaßen:

- In Form von elektromagnetischen Wellen wie Radio- oder Fernsehwellen. Die Aufnahme erfolgt über Bildschirmgeräte. Bis zu einer Entfernung von 100 Metern ist der Empfang mit handelsüblichen Antennen möglich. Über 100 Meter werden Spezialantennen und hochempfindliche Verstärker und Empfänger eingesetzt.
- In Form von akustischer Raumstrahlung, zum Beispiel beim Drucken.
- Aufnahme über empfindliche Mikrofone.
- Über kapazitives oder induktives Überkoppeln elektrischer Leitungen.
- Als akustische Überkopplung auf andere Geräte.
- Als Mantelwelle über metallische Leiter.
- Durch Bestrahlung der Geräte von außen durch Hochfrequenzenergie.

Der Leiter des Labors für Nachrichtentechnik der Fachhochschule Aachen, Prof. Dr. Erhard Möller, sieht die Problematik so, daß jeder Fernsehtechniker im zweiten oder dritten Lehrjahr Abstrahlungen einer EDV-Komponente mit einem Fernsehgerät sichtbar machen lassen könne.[66] Professor Möller führt weiterhin aus, daß Untersuchungen im Labor ergeben hätten, daß sich das Bild eines normalen Terminals durch verschlossene Türen und Mauern hindurch und sogar um die Ecke herum noch in 25 Metern Entfernung empfangen ließe. Mit höherem technischen Aufwand könne man leicht auch Hunderte von Metern überbrücken.

9.7 Abhören mit Minisendern (Wanzen)

Bedrohungspotential:

- das Aufzeichnen der analogen oder digitalen Datenströme.

Minisender dienen in erster Linie dazu, das gesprochene oder geschriebene Wort auszuspähen. Mit Minisender werden Büros und Hotelräume oder Fahrzeuge abgehört. Auch das Abhören von Flugzeugkabinen ist bekannt.

Bei Minisendern unterscheidet man drahtgebundene und netzunabhängige Verfahren. Bei drahtgebundenen Abhörversuchen werden Langwellen-Miniatursender (Wanzen) an das 220 Volt-Netz angeschlossen. Das Stromnetz ist in diesem Fall gleichzeitig Antenne und Energieversorgung. Diese Geräte sind nicht leicht anzupeilen. Die Reichweite liegt im Bereich der Steckdosen eines Gebäudes. Bei netzunabhängigen Minisendern werden kleine UKW-Sender eingesetzt. Bei Dauerbetrieb ist ein Einsatz von mehreren Tagen möglich, bis der Energievorrat der 1,4 V Knopfbatterie erschöpft ist. Der Energieverbrauch kann jedoch erheblich gesenkt werden, wenn sprachgesteuerte Sender eingesetzt werden, die sich nur während eines Gespräches einschalten. Minisender bergen jedoch das Risiko, daß sie von der Zielperson auch vor und nach dem Abhörvorgang geortet und gefunden werden.

9.8 Abhören mit Laserstrahl

Durch das Aufmodulieren von Schallwellen auf einen Laserstrahl kann über größere Distanzen ein akustisches Ausspähen erfolgen. Das Risiko der Entdeckung bezieht sich auf den Zeitraum, in dem der Abhörvorgang durchgeführt wird.

9.9 Einkaufsquellen für Spione und Spionageabwehr

Besitz und Handel von technischer Ausrüstung zur Durchführung von Ausspähversuchen, aber auch zum Aufspüren von Abhörversuchen, sind in der Bundesrepublik unter folgenden Voraussetzungen verboten:

---

[66] Informationen für geheimschutzbetreute Unternehmen, BMWI, 1997, S. 40

„Es ist verboten, Sendeanlagen zu besitzen, herzustellen, zu vertreiben, einzuführen oder sonst in den Geltungsbereich des TKG zu verbringen, die ihrer Form nach einen anderen Gegenstand vortäuschen oder die mit Gegenständen des täglichen Gebrauchs verkleidet sind und aufgrund dieser Umstände in besonderer Weise geeignet sind, das nichtöffentlich gesprochene Wort eines anderen von diesem unbemerkt abzuhören.“[67]

Außerhalb der Bundesrepublik gibt es jedoch zahlreiche Anbieter, die hochspezialisiertes Spionageinstrumentarium per Versandkatalog anbieten. Die Kataloge dieser Anbieter lesen sich wie die Wunschliste von James Bond, der bei Technikus „Q“ im Geheimdienst ihrer Majestät die adäquaten Mittel auswählt. In den Katalogen einschlägiger Firmen finden wir unter anderem:

- Sprachüberwachungsgeräte
- Telefonüberwachungssysteme
- Abhörschutzausrüstung
- Verdeckte Videoüberwachung
- Nachtsichtsysteme
- Spezialkameras
- Selbstschutzprodukte
- Aufsperrwerkzeuge

Wer sich selbst informieren will, kann das unter anderem bei den Firmen:

- Radtke KG
Spytek
Postfach 14 20
D-32557 Löhne
Telefon (05732) 120 27
Telefax (05732) 120 23
Mobil 0172 / 520 03 89

- Lorraine Electronic Surveillance
716 Lea Bridge Road
GB-London E10 6AW
Telefax: (044) 181 558 1338

Eine Reihe weiterer Unternehmen findet man im Internet.

---

[67] Informationen für geheimschutzbetreute Unternehmen, BMWI, 1997, S. 62

9.10 Kosten der Ausrüstung

Ein Mitarbeiter der Fa. Siemens, Herr Bitterli, hat in der Funkschau einige Methoden des Ausspähens und die damit verbundenen Kosten aufgezeigt[68]:

Tabelle 1: Kosten und Voraussetzungen der Abhörmethoden

Übertragungs-technik	**Abhörmethode**	**Entdeckungs-wahrschein-lichkeit**	**Vor-kennt-nisse**	**Kosten der Anschaffung in DM**
Funk	Passive Elektronik	unwahr-scheinlich	1	150,-
Kabel	Anzapfen privat	vorhanden	2	50,-
Kabel	Anzapfen Be-reich Telekom	vorhanden höher	2-3	850,-
Kabel	Anzapfen übri-ger Bereich	niedrig bis un-wahrscheinlich	3	850,-
Lichtwellen-leiter	Anzapfen	vorhanden hoch	3	1.700,-
Richtfunk	Passive Elektronik	unwahr-scheinlich	3	5.000,-
Satellit	Passive Elektronik	unwahr-scheinlich	3-4	13.500,-

Vorkenntnisse: 1 = keine; 2 = Grundschule, Leitungsverlegung; 3 = elektronisches Wissen, Telekomwissen; 4 = Elektroingenieur mit geringem Computerwissen

Wenn man bedenkt, was sich mit den ausgespähten Daten verdienen läßt, so ist die Anschaffung der dazu benötigten Instrument geradezu preiswert.

[68] Funkschau, 14/95, S. 32

TEIL 2
Spionageabwehr

10 Wie analysiert und bewertet man das Risiko für das eigene Unternehmen?

Zunächst sollte im Unternehmen im Rahmen einer Analyse festgestellt werden, welche Daten durch Wirtschaftsspionage bedroht sind, wer mit diesen Daten in Berührung kommt und wo diese Daten wie gehandhabt werden.

10.1 Methodische Vorgehensweise einer Risiko-Analyse

Ziel einer Risiko-Analyse ist es, gemeinsam mit den Mitarbeitern Risiken für Wirtschaftsspionage im Unternehmen zu erkennen und diese Risiken zu bewerten. Nach Analyse der unternehmensspezifischen Ausgangssituation können geeignete Abwehrstrategien im Rahmen einer IT-Sicherheitskonzeption erarbeitet werden (vgl. dazu Abbildung 6).

10.1.1 Arbeitsgruppe

In die Durchführung einer Risiko-Analyse sollten die Mitarbeiter aller Fachabteilungen einbezogen werden, die mit strategisch wichtigen Informationen arbeiten. Dieser Ansatz hat sich bewährt, obwohl in der Projektarbeit auch Bedenken geäußert wurden, daß man erst durch diese Vorgehensweise die Mitarbeiter auf sensible Informationsbereiche aufmerksam macht. Ich bin jedoch der Meinung, daß durch die gemeinsame Risiko-Analyse in Verbindung mit der Erstellung einer IT-Sicherheitskonzeption der Umgang mit sensiblen Informationen verbessert und in die Unternehmenskultur eingepflegt werden kann.

Der erster Schritt in der methodischen Durchführung einer Risiko-Analyse ist die Benennung einer Arbeitsgruppe zur Projektsteuerung. Zur Projektsteuerung hat sich folgende Zusammensetzung der Arbeitsgruppe bewährt:

- ein Mitglied der Geschäftsführung/des Vorstandes als Projektverantwortlicher,
- der Sicherheitsbeauftragte,
- der Justitiar,
- der Personalchef,
- der EDV-Leiter,
- ein Mitglied der Arbeitgebervertretung.

Aus den Fachabteilungen werden zu den jeweiligen Themenkreisen die jeweiligen Entscheidungsträger zur Arbeit in der Projektgruppe mit herangezogen.

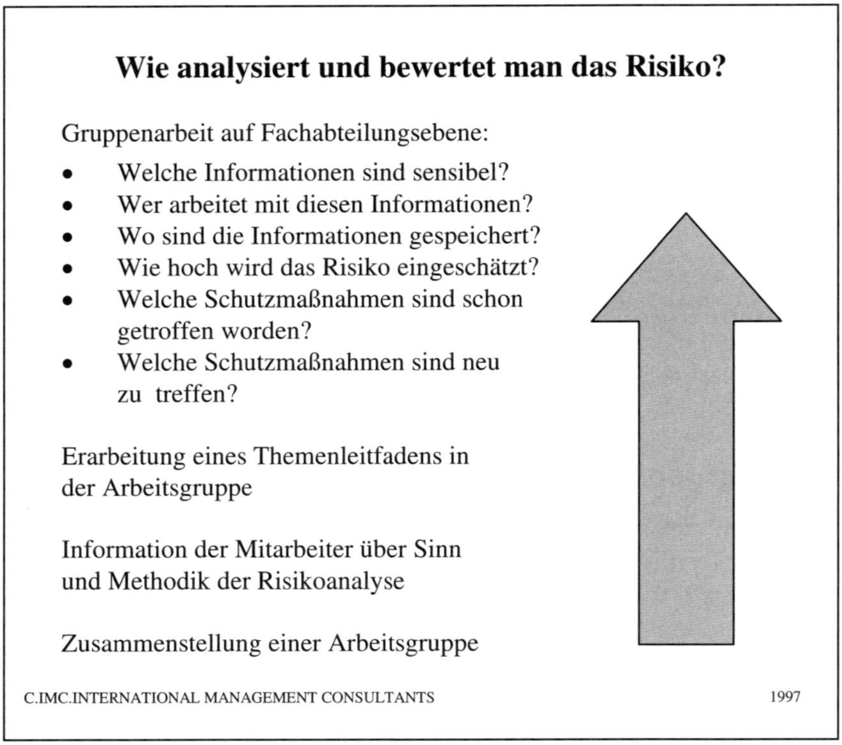

Abb. 6: Wie analysiert und bewertet man das Risiko?

Die Moderation kann durch ein Mitglied der Arbeitsgruppe durchgeführt werden. Es bringt jedoch erhebliche Vorteile, wenn die Moderation durch externe Spezialisten durchgeführt wird. Diese externen Spezialisten hinterfragen auch jene Sachverhalte, die im Unternehmen von den eigenen Mitarbeitern selbst kaum zur Diskussion gestellt werden wollen oder können. Die Verpflichtung des externen Spezialisten zur Geheimhaltung und die entsprechend hohe Bemessung einer Vertragsstrafe bei Verletzung der Geheimhaltung sollten obligatorisch sein.

10.1.2 Information der Mitarbeiter über Sinn und Methodik der Risiko-Analyse

Als ersten Arbeitsschritt der Projektgruppe müssen die Mitarbeiter in den jeweiligen Fachabteilungen über die Ziele des Projektes informiert werden. Entscheidend in diesem Zusammenhang ist der Hinweis, daß die Schutzmaßnahmen getroffen werden, um das Unternehmen und auch die Arbeitsplätze zu schützen. Die in dem vorliegenden Buch genannten Beispiele von realen Fällen von Wirtschaftsspionage sind ein handfestes Gegenargument zur These: „Bei uns kann das ja nicht passieren." Das vorliegende Material sollte ausreichen, um bei den Mitarbeitern Verständnis für die renditesichernden Maßnahmen zu schaffen.

Wenn man den Mitarbeitern den Verfall der Sitten im Wettbewerb erklärt, so können sie verstehen, daß der Wettbewerb Charakterzüge eines Krieges hat, bei dem Unternehmen siegen oder verlieren. Dieser Vergleich ist keineswegs an den Haaren herbeigezogen, wenn man sich intensiver mit der erklärten Kriegsstrategie japanischer Unternehmen beschäftigt. Man muß im Unternehmen sicher nicht soweit gehen, daß man die Losung ausgibt „Feind hört mit", wie das im Zweiten Weltkrieg bei den kriegführenden Nationen als Parole gehandhabt wurde. Aber die Losung „Wirtschaftsspion hört mit!" ist sicher realitätsnaher als so mancher Unternehmer oder Mitarbeiter denkt.

Ein weiterer Punkt, der an die Mitarbeiter kommuniziert werden sollte, ist, daß gemeinsam ein Verhaltenscodex im Umgang mit sensiblen Daten erarbeitet werden muß. Vorteil des Verhaltenscodexes für alle ist, daß eine gemeinsam erarbeitet Linie dabei hilft, Mißverständnisse in Grenzfällen zu vermeiden.

10.1.3 Erarbeitung eines Risiko-Themenleitfadens für die anschließenden Gruppendiskussionen

Zur Vorbereitung der ersten Gruppengespräche ist es sinnvoll, einen Katalog strategisch wichtiger Informationskreise zusammenzustellen. Dabei bringt es Vorteile, sich in die Situation des Wettbewerbers zu versetzen, der das Ziel hat, das eigene Unternehmen auszuspähen. Auch bei den Mitarbeitern in den Gruppendiskussionen regt es die Phantasie oft mehr an, wenn sie aus der Perspektive des Angreifers ein Ausspähpotential suchen, als wenn sie sich in der Rolle des Opfers sehen.

Dem nachstehend angeführten Themenleitfaden liegen legale „Competitive Analysis Intelligence"-Projekte zugrunde, die ich in den vergangenen Jahren für eine bekannte deutsche Unternehmensberatung im Auftrag amerikanischer Konzerne bei deutschen Unternehmen durchgeführt habe. Mit Hilfe dieser Informationen, die wie ein Puzzle zusammengetragen wurden, war es für die Auftraggeber möglich, die aktuelle Situation und die Strategie der Zielunternehmen mit hoher Genauigkeit einzuschätzen. Nachfolgend gebe ich ein Beispiel für den Themenleitfaden, der für die Gruppendiskussionen in den jeweiligen Fachbereichen vorbereitet werden sollte. Die angeführten Themen spiegeln nur auszugsweise die strategischen Informationen wider, die mit Sicherheit jeden Wettbewerber brennend interessieren würden. Darunter befinden sich mit hoher Wahrscheinlichkeit auch jene Informationen, die der Leser – so er denn Unternehmer ist – gerne über seinen Konkurrenten zur Hand hätte.

Unternehmensführung:

- Welchen Anspruch hat das Unternehmen an sich?
- Welche Eigenheiten hat das Unternehmen?
- Wie ist der Führungsstil?
- Wie sieht die Entscheidungsstruktur aus, fällt das Unternehmen rasche Entscheidungen?
- Welche Aufbau- und Ablaufstruktur hat das Unternehmen?
- Welche Stärken und Schwächen hat das Unternehmen?
- Werden durch die Unternehmensstruktur Innovationen gefördert?
- Wie reagiert das Unternehmen auf Herausforderungen in bestehenden Märkten?
- Wie sehen die maßgeblichen Erfolgsfaktoren des Unternehmens aus?
- Wie ist das Reaktionsverhalten des Unternehmens auf Maßnahmen des Wettbewerbs?
- Sind Gerichtsverfahren anhängig?
- Welche Auswirkungen haben gesetzgebende Maßnahmen auf das Unternehmen?

Strategische Planung:

- Welche langfristigen Ziele hat das Unternehmen, sind Wechsel der Unternehmensziele geplant?
- Welche Stoßrichtung verfolgt das Unternehmen bei der Erschließung neuer Märkte?
- Welche Stoßrichtung verfolgt das Unternehmen bei der Entwicklung neuer Produkte?
- Kauft das Unternehmen neue Technologien ein?
- Plant das Unternehmen strategische Partnerschaften?

- Welche Pläne hat das Unternehmen in Hinsicht auf neue Akquisitionen / Abstoßen von Beteiligungen?
- Ist der Ausbau von Produktionskapazitäten geplant?
- Welche Veränderungen sind bei finanziellen Zielen geplant?
- Welche Restrukturierungsmaßnahmen sind geplant?
- Sind Kostensenkungsprogramme, wie zum Beispiel Mitarbeiterfreisetzungen, geplant?

Finanzbereich / Umsätze:

- Welche Umsätze tätigt das Unternehmen oder dessen Beteiligungsgesellschaften?
- Welche Umsätze, unterteilt nach Geschäftsbereichen oder Abteilungen, werden erreicht?
- Wie sieht die historische Umsatzentwicklung aus, sind Trends für die Zukunft erkennbar?

Finanzbereich / Kosten:

- Wie verteilen sich die direkten Kosten?
- Wie verteilen sich die indirekten Kosten?
- Welche Kostenarten sind erfolgskritisch?

Finanzbereich / Margen:

- Mit welchen Aufschlägen arbeitet das Unternehmen?
- Wie sehen die Deckungsbeiträge nach Produkten, Geschäftsbereichen und Abteilungen aus?

Finanzbereich / Profit:

- Wie sieht die gesamte Profitabilität des Unternehmens aus?
- Wie sehen die Profite nach Produkten, Industriesegmenten, Geschäftsbereichen, Abteilungen aus?

Finanzbereich / Aktiva und Passiva:

- Verfügt das Unternehmen über verdeckte Reserven, nicht bekannte Zahlungsverpflichtungen?
- Wie verhält sich die Zahlungsmoral des Unternehmens oder seiner Kunden?
- Gibt es Liquiditätsprobleme?

Finanzbereich / Ertragspotential:

- Wie hat sich die Ertragskraft entwickelt?
- Welcher Trend für die Zukunft ist erkennbar?

Produktionsbereich:

- Über welche Produktionsstätten/Produktionslinien verfügt das Unternehmen?
- Wie sieht die internationale Verflechtung der Fertigung aus?
- Wie ist der Fertigungsprozeß mit Zulieferern verzahnt?
- Wie groß ist die räumliche Entfernung zu den Zulieferbetrieben?
- Wie flexibel ist die Produktion?
- Über welche Produktionsausrüstung verfügt das Unternehmen (Alter, Technologiestandard)?
- Über welche Produktionskapazität pro Produktionsstätten und -linie verfügt das Unternehmen?
- Sind Probleme in der Produktion bekannt?
- Ist die Produktion ausgelastet?
- In wie vielen Schichten wird produziert?
- Welche Mengen werden produziert?
- Welche Regionen werden durch welche Produktionsstätten beliefert?
- Fallen im Produktionsprozeß schwer entsorgbare Abfälle an?
- Welche Entsorgungsmethoden werden über welche Kanäle eingesetzt?

Lager:

- Welche Lagerbestände an Kernprodukten hat das Unternehmen?
- Welche Lagerprobleme sind bekannt?
- Welche Inventurmethoden werden verwendet, sind Inventurprobleme bekannt?

Einkauf:

- Welche Zulieferteile werden für die Produktion gekauft?
- Bei welchen Zulieferbetrieben wird eingekauft?
- Zu welchen Preisen wird eingekauft?
- Welche Konditionen werden dem Unternehmen von Zulieferbetrieben eingeräumt?

- Wer sind die Schlüsselpersonen im Verkauf und in der Geschäftsleitung bei den Zulieferbetrieben?
- Sind Korruptionsnester und korruptive Beziehungsgeflechte bekannt?
- Wie abhängig ist das Unternehmen von den Zulieferern?
- Wer fällt im Unternehmen Einkaufsentscheidungen für Produkte und Dienstleistungen?
- Wie lange sind die Entscheidungsträger für Einkaufsentscheidungen schon im Amt?

Produkte und Dienstleistungen:

- Welche Schlüsselprodukte hat das Unternehmen?
- Welche sind die wichtigsten Dienstleistungsbereiche des Unternehmens?
- Wie sehen die Absätze von Produkten und Dienstleistungen, unterteilt nach Geschäftsbereich oder Abteilung, aus?
- Wie gestalten sich die Verkaufspreise?
- Welche Rabatte werden den Kunden eingeräumt?
- Welche Sonderkonditionen werden den Kunden eingeräumt?
- Wie sehen die Service- und Wartungsvereinbarungen aus?
- Welche Schulungsmethoden werden eingesetzt?
- Welche Qualitätsprobleme gibt es?

Forschung und Entwicklung:

- Wie hoch ist das Entwicklungsbudget nach Produktbereichen?
- Welche entscheidenden Patente und Lizenzen (aktuelle und auslaufende) hält das Unternehmen?
- Welche besondere Qualifikation hat das Entwicklungspersonal?
- Welche innovativen Produkte geben dem Unternehmen eine Alleinstellung?
- Welche Entwicklungsprojekte sind geplant?

Marketing:

- Wie sind die Marktanteile nach Produkten und Kunden verteilt?
- Worin liegt das USP der Produkte?
- Welche Marketingziele verfolgt das Unternehmen?
- Wie hoch ist das Marketingbudget?
- Wie hoch ist das Marketing Research Budget?

- Mit welchen Marketing Research Firmen arbeitet das Unternehmen?
- Welche Werbekampagnen sind geplant?
- Welche Werbeträger sollen eingesetzt werden?

Verkauf und Vertrieb:

- Wie sieht die Struktur der Verkaufsorganisation aus?
- Wie sieht die Distributionsstruktur aus?
- Welche Kunden hat das Unternehmen?
- Welche Key Accounts hat das Unternehmen?
- Wer sind die Top-Verkäufer?
- Wer sind die wichtigsten Einkäufer bei den Kunden des Unternehmens?
- Welche Beziehungsgeflechte sind bekannt?

Controlling:

- Welche Controlling-Mechanismen werden eingesetzt?
- Welche Revisionsmethoden werden verwendet?

EDV:

- Welche EDV-Komponenten verwendet das Unternehmen hinsichtlich der Firmware, Hardware und Software?
- Wie hoch ist der Vernetzungsgrad?
- Wie ist die Anbindung nach außen durch Internet oder Intranet gelöst?
- Welche auf Telefonleitung basierenden Kommunikationsmittel werden eingesetzt?
- Welche IT-Sicherheitskonzepte werden eingesetzt?
- Welche Servicemechanismen und Firmen werden eingesetzt?

Personal / Entscheidungsträger:

- Wer sind die Entscheidungsträger im Unternehmen?
- Welche Stärken und Schwächen haben die Entscheidungsträger?
- Welchen persönlichen Stil haben die Entscheidungsträger?
- Welche Konflikte der Entscheidungsträger im Unternehmen sind bekannt?
- Wie sehen die Gehälter der Entscheidungsträger aus?
- Wie sind die Incentive Regelungen (perks) der Entscheidungsträger geregelt?
- Welche Beförderungsmechanismen für Entscheidungsträger gibt es?

- Wie lange sind die Entscheidungsträger schon in ihren Positionen?
- Welche Entscheidungsträger sind bei Beförderungen übergangen worden?
- Von welchen Unternehmen kommen die Entscheidungsträger, welcher Headhunter arbeitet mit diesem Unternehmen?
- Wohin sind ausgeschiedene Entscheidungsträger gewechselt?
- Warum haben die Entscheidungsträger gewechselt?
- Welche besonders qualifizierten Entscheidungsträger stehen vor der „Wegrationalisierung“ oder Pensionierung?

Personal / Lohnempfänger:

- Wie ist das Lohnniveau der Arbeiter?
- Wie hoch ist die Fluktuationsrate?
- Welche Konflikte mit Betriebsrat und Gewerkschaften sind bekannt?

Den Gruppenteilnehmern sollte anhand des Themenleitfadens klarwerden, daß die oben genannten Informationen dem Wettbewerber ein exaktes Bild darüber geben können, wie sich das eigene Unternehmen in der nächsten Zeit auf dem Markt verhalten wird.

10.1.4 Gruppendiskussionen

Gruppendiskussionen haben sich bei der Herausarbeitung von sensiblen Informationsbereichen bestens bewährt. Insbesondere bei der Bewertung des Schadenspotentials und der damit verbundenen „Geheimhaltungsstufe“ gibt es bei den Mitarbeitern erhebliche Meinungsunterschiede, die in der Gruppendiskussion aufgedeckt und angeglichen werden. Mit Hilfe der Themenleitfäden werden in den einzelnen Fachabteilungen Gruppendiskussionen moderiert.

Ziel der Gruppendiskussion ist es, festzustellen:

- Welche Informationen aus dem Themenleitfaden zutreffen oder ergänzt werden müssen (Infoinhalt).
- Wer wann legal mit diesen Informationen arbeitet (Infoträger). Die Analyse hat den Vorteil, daß für die Unternehmensleitung Kommunikationsgruppen erkennbar werden, die mit den vertraulichen Informationen arbeiten. Das kann im Ernstfall eine wichtige Grundlage für die Schadensbegrenzung sein, wenn festgestellt werden muß, wo sich das Leck in der eigenen Organisation befindet.

- Wo diese Daten gespeichert sind (Infospeicher). Die Palette der möglichen Speicher reicht vom Mainframe über den Server, PC, Laptop, Notebook, die Papierkartei bis zum Notizbuch. Wir haben festgestellt, daß heute bereits über 2/3 der vertraulichen Informationen auf elektronischen Medien digital gespeichert sind.

  Besonderes Augenmerk gilt in diesem Zusammenhang den "Datenbanken mit Beinen", d.h. den transportablen Computern, mit denen eine Unmenge von Daten unauffällig aus dem Betrieb geschafft werden kann. Es empfiehlt sich, hier auch die persönlichen Speicherpraktiken der Mitarbeiter unter die Lupe zu nehmen. Daß heißt, werden die Daten auf Diskette gespeichert, werden von den Disketten Kopien zum Arbeiten mit nach Hause genommen etc.?

- Wie das Bedrohungs-/Risikopotential eingeschätzt wird. Es liegt nun im Ermessen der Entscheidungsträger, auf das Unternehmen abgestimmte Schutzklassen zu definieren und sensible Informationen in diese Schutzklassen einzuteilen.

  Staatliche Institutionen und geheimschutzbetreute Unternehmen sind mit der Einstufung von sensiblen Informationen nach Bedrohungs- und Risikopotential gut vertraut. Die Einteilung sensibler Informationen in Schutzklassen steht in direkter Verbindung mit der entsprechenden Verschlüsselung der sensiblen Daten. Die staatlichen Richtlinien sind in einer etwas gemäßigten Form auch für Unternehmen außerhalb des staatlichen Geheimschutzes als Richtlinie für die individuelle Gestaltung von Schutzklasseneinteilung für die Verschlüsselung hilfreich.[69] (Vgl. dazu Tabelle 2).

- Welche Schutzmaßnahmen schon getroffen worden sind. Ob diese Schutzmaßnahmen geeignet und angemessen sind. In welchen Bereichen weitere Schutzmaßnahmen zu treffen sind.

[69] Informationen für geheimschutzbetreute Unternehmen, BMWI, 1997, S. 108

Tabelle 2: Schutzklasseneinteilung

Schutz-klasse	Schutzziel	zugelassen für folgende VS-Informationen und Einsatzbedingungen
1 (Standard)	Die unbefugte Kenntnisnahme von/ der unbefugte Zugang zu den Informationen mit einfachen Mitteln soll verhindert werden. Ein erfolgreicher Angriff in Einzelfällen wird in Kauf genommen.	• VS-NfD • lokale Verarbeitung/ Übertragung von VS-VERTRAULICH unter besonderen Bedingungen 1)
2 (Hochsicherheit)	Die unbefugte Kenntnisnahme von/ der unbefugte Zugang zu den Informationen bei einem qualifizierten Angriff soll verhindert werden. Ein Angriff auf Systemkomponenten, in denen Klartext vorhanden oder das Kryptoverfahren implementiert ist, muß erkennbar sein. Ein geringes verbleibendes Restrisiko wird in Kauf genommen.	• VS-VERTRAULICH • Lokale Verarbeitung von GEHEIM unter besonderen Bedingungen 2)
3 (Höchstsicherheit)	Die unbefugte Kenntnisnahme von/ der unbefugte Zugang zu den Informationen sowie ein Angriff auf Systemkomponenten, in denen Klartext vorhanden oder das Kryptoverfahren implementiert ist, muß verhindert werden.	• GEHEIM • STRENG GEHEIM

1) Durch zusätzliche materielle, personelle und organisatorische Maßnahmen muß sichergestellt sein, daß für VS-VERTRAULICH verwendete Sicherheitsparameter und das VS-VERTRAULICH-Information enthaltende Chiffrat gegen einen qualifizierten Angriff geschützt sind.

2) Durch zusätzliche materielle, personelle und organisatorische Maßnahmen muß sichergestellt sein, daß für GEHEIM verwendete Sicherheitsparameter und das GEHEIM-Information Enthaltende chiffriert gegen jeden Angriff geschützt sind.

Die Ergebnisse der Gruppendiskussionen werden in einem Formular dokumentiert, das wie unser Beispiel aussehen kann.

Tabelle 3: Erfassungsformular Risiko-Analyse

Info-inhalt	**Info-träger**	**Info-speicher**	**Bedro-hungs-/ Risiko-potential**	**Vorhandene Schutzmaß-nahmen**	**Ge-eignet**	**Ange-messen**
Einkaufs-preise	Müller	Daten-bank Server	3	Ver-schlüsselung	Ja	Ja
Liefer-zeiten	Meier	Daten-bank Server	3	Keine	?	?
etc.						

Ist die Risiko-Analyse in dieser Phase abgeschlossen, so liegen dem Unternehmen Fakten vor:

- über das Bedrohungs-/Risikopotential,
- über bereits getroffene Schutzmaßnahmen,
- über Schwachstellenbereiche, in denen weitere Schutzmaßnahmen getroffen werden müssen.

Diese Fakten bilden die Grundlage für die Entwicklung einer IT-Sicherheitskonzeption.

11 Wie entwickelt man eine IT-Sicherheitskonzeption?

Aufgrund der in der Risiko-Analyse ausgearbeiteten Fakten kann eine IT-Sicherheitskonzeption als eine wirksame Vorbeugung gegen Wirtschaftsspionage über den Computer im Unternehmen erarbeitet oder neu installiert werden. Nach dieser Analyse sollte festgestellt werden, welche Schutzmaßnahmen bereits realisiert worden sind. Den festgestellten Risiken werden die bereits getroffenen Maßnahmen gegenübergestellt. Dabei wird geprüft, ob jedem Risiko mit einer Schutzmaßnahme begegnet wird. Wenn dies der Fall ist, so wird hinterfragt, ob die Maßnahme geeignet und angemessen ist. Wenn keine Schutzmaßnahme vorhanden ist oder diese nicht geeignet oder angemessen ist, werden neue Schutzmaßnahmen entwikkelt.

Über ein Fakt muß man sich klar sein: Eine vollkommene Sicherheit läßt sich nicht erreichen. Aber es lohnt sich, durch geeignete Maßnahmen den Angriff auf Schutzziele im Unternehmen möglichst so zu erschweren, daß der Aufwand und das Risiko der Entdeckung für einen potentiellen Täter so hoch werden, daß sie abschrekkend wirken.

Mit den nachstehenden Hinweisen will ich Entscheidungsträgern die Möglichkeit geben, die im eigenen Unternehmen bestehenden IT-Sicherheitskonzeptionen zu hinterfragen und zu verbessern. Es lassen sich nicht alle technischen Lösungen im Detail darstellen, da die Entwicklung einer detaillierten Sicherheitskonzeption von den individuellen Voraussetzungen des jeweiligen Unternehmens abhängig ist. Bei einem kleinen Unternehmen mag das Wegschließen einer Wechselplatte mit der Kundendatei nach Feierabend genügen. Ein Großunternehmen hat mannigfaltige Sicherheitsfragen zu regeln. Die nachstehenden Empfehlungen dienen daher als Themenleitlinie, um bestehende Lücken durch entsprechende Schutzmaßnahmen zu schließen (vgl. dazu Abbildung 7). Ziele einer IT-Sicherheitskonzeption sind:

- Wahrung der Vertraulichkeit: Informationen dürfen nur Berechtigten zugänglich sein.
- Wahrung der Integrität: Daten und Programme dürfen nur bestimmungsgemäß erzeugt oder verändert werden.
- Wahrung der Verfügbarkeit: Informationen und EDV-Komponenten dürfen nur von Berechtigten bei Bedarf genutzt werden.
- Wahrung der Verbindlichkeit: Urheberschaft und Empfang von Informationen müssen beweisbar sein. Die Information muß unversehrt sein.

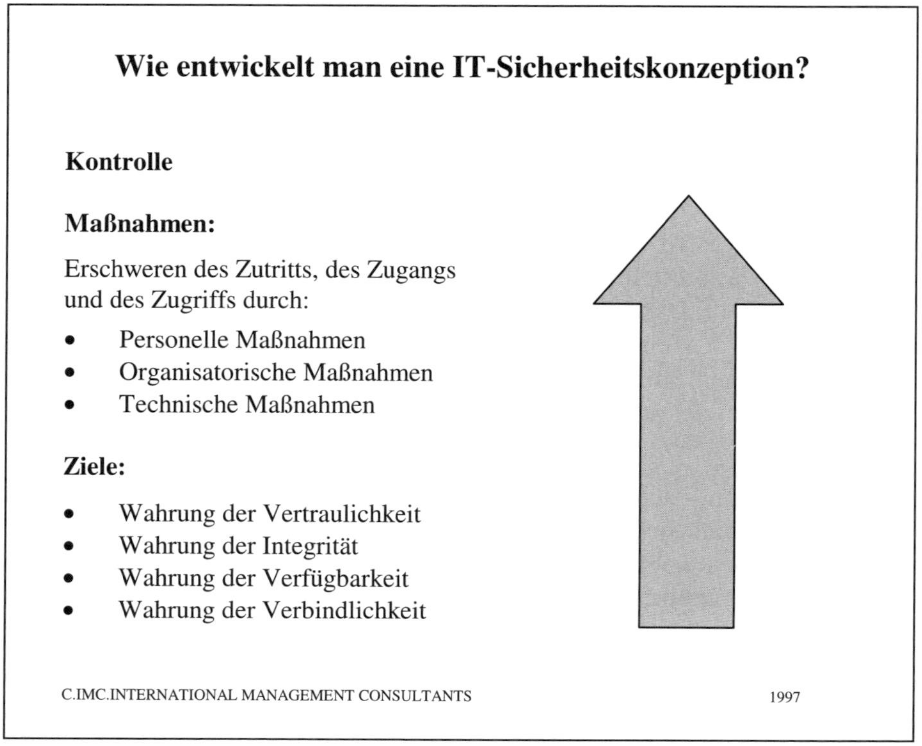

Abb. 7: Wie entwickelt man eine IT-Schutzkonzeption?

Bei der Erstellung einer IT-Sicherheitskonzeption ist immer zwischen einem Gewinn an Sicherheit, den Unternehmenszielen und den betrieblichen Anforderungen abzuwägen. Anforderungen an die Verfügbarkeit von Daten im Verkauf oder Anforderungen der Kunden können den Sicherheitsinteressen des Unternehmens diametral entgegenstehen. Letztendlich wird die Lösung in einem Kompromiß liegen.

Die konkreten Schutzmaßnahmen gegen Ausspähversuche im Unternehmen lassen sich in folgende Bereiche strukturieren:

- **Personelle Maßnahmen:** Die größte Gefahr geht von den eigenen Mitarbeitern aus. Daher messe ich den Schutzmaßnahmen im Personalbereich große Bedeutung zu. Unter diesen Punkt fallen insbesondere jene Maßnahmen, die im Bereich des Ethiktrainings und der Mitarbeitervertragsgestaltung liegen.

- **Organisatorische Maßnahmen:** Die organisatorischen Maßnahmen umfassen innerbetriebliche Abläufe, die entsprechend der zu schützenden Ziele nach Sicherheitsaspekten umgestaltet werden müssen.
- **Technische Maßnahmen:** Unter technische Maßnahmen fallen alle gebäudespezifischen, Firmware-, Software- oder Hardware-bezogenen Zugriffsbarrieren auf sensible Daten im Unternehmen.

Alle diese Maßnahmen laufen darauf hinaus, einem potentiellen Angreifer den Zutritt (räumlich), den Zugang (PC, Server, Internet etc.) oder den Zugriff (Datenträger) zu verwehren.

12 Welche personellen Schutzmaßnahmen sind möglich?

Die größte Gefahr für Wirtschaftsspionage geht von den eigenen Mitarbeitern aus. Daher ist den personellen Schutzmaßnahmen neben allen anderen Maßnahmen besondere Aufmerksamkeit zu widmen. Unter personellen Schutzmaßnahmen verstehe ich die Kombination von ethischer Sensibilisierung der Mitarbeiter mit einer problemorientierten Vertragsgestaltung.

12.1 Ethiktraining der Mitarbeiter

In den Vereinigten Staaten ist die Erstellung und konsequente Verwendung von ethisch orientierten „Integrity Guidelines" wesentlich stärker ausgeprägt als hierzulande. Nahezu jedes Unternehmen hat auf den eigenen Bedarf zugeschnittene Ethikrichtlinien. Die Ethikrichtlinien werden von amerikanischen Unternehmen und auch deren internationalen Tochtergesellschaften sehr ernst genommen. Ethikrichtlinien werden in den USA als ein fester Bestandteil der Corporate Identity betrachtet. Bei Aufnahme von Geschäftsbeziehungen werden die jeweiligen Ethikrichtlinien der Unternehmen gegenseitig ausgetauscht und unterzeichnet. In den Ethikrichtlinien sind Vertragsstrafen festgehalten, die für den Fall des Vertragsbruches fällig werden.

In den Ethikrichtlinien ist neben anderen Bereichen exakt festgehalten, welche Verhaltensweise das Unternehmen von seinen Mitarbeitern im Falle von „Annäherungsversuchen" unternehmensfremder Personen erwartet. Diese „Annäherungsversuche" werden in den USA klar als eine Vorstufe der Korruption betrachtet, die zu einem Informationstransfer oder zu einem Abwerbeversuch führen kann. Die Abstufungen der „Aufmerksamkeiten" für die eigenen Mitarbeiter durch externe Geschäftskontakte sind sehr genau. So wird detailliert aufgeführt, welche Geschenke in welchem Land bei welcher Gelegenheit unter den Begriff „this is done" oder „this is not done" eingeteilt werden. Als Beispiel nennt Dr. Möllering, Leiter der Rechtsabteilung des DIHT, die Ethikrichtlinie eines Automobilherstellers in den USA.[70] Verboten sei in diesem Unternehmen die Annahme jeglicher Geschenke außer Werbeartikeln geringen Wertes. Große Bedeutung wird in den Ethikrichtlinien dem Bereich der kleinen Aufmerksamkeiten gewidmet, die rasch zu einem „Anfüttern" des Mitarbeiters durch externe Personen führen können. Auch Eintrittskarten für sportliche Veranstaltungen, Theateraufführungen, Konzerte oder

[70] Korruptionsprävention durch…, J. Möllering, 10. VZM Sicherheitskonferenz 1997

ähnliche Darbietungen, ausgenommen in Begleitung eines Mitarbeiters des betreffenden Lieferanten, Kunden oder Händlers seien strikt verboten. In den Integrity Guidelines amerikanischer Unternehmen wird auch auf die Gleichbehandlung von Geben und Nehmen eingegangen. Dies ist ein sehr wichtiger Punkt, denn oft wird mit unterschiedlichen Maßstäben gemessen. So wird häufig ein Unterschied gemacht, ob ein eigener Mitarbeiter im Einkauf ein Geschenk annimmt oder ob ein besonders fähiger Verkäufer einen Auftrag mit nach Hause bringt, den er durch nützliche Geschenke beim Kunden erzielt hat.

In den Ethikrichtlinien werden auch klar die Sanktionen genannt, die bei einem nachgewiesenen Verstoß durch das Unternehmen gegen den verursachenden Mitarbeiter verhängt werden. Der Vorteil der Ethikrichtlinien liegt eindeutig darin, daß dem Mitarbeiter praktische Beispiele dafür gegeben werden, wie er sich in Grenzfällen verhalten soll.

In der Bundesrepublik sind Begriffe wie Ethikrichtlinie oder Verhaltensweise derzeit noch weit weniger ausgeprägt als in den USA. Es ist bezeichnend, daß in der umfangreichen Mustersammlung für Ethikrichtlinien der Internationalen Handelskammer in Paris (ICC) keine einzige deutsche Ethikrichtlinie zu finden ist. Eine der wenigen Ethikrichtlinien in der Bundesrepublik ist das vom Bundesverband der Deutschen Industrie erstellte BDI-Manifest oder das Ethik Management System des bayerischen Bauindustrieverbandes.

Das Bild des „ordentlichen Kaufmanns" ist in der Bundesrepublik meines Erachtens heute weitgehend vom „Vorbild" des erfolgsorientierten Managers verdrängt worden, der cool über Leichen geht. Konzertkarten für 150 Mark gelten heutzutage als Trinkgeld, echauffiert sich Personal- und Fertigungsvorstand Strinz der Adam Opel AG.[71] Ethik ist ein Begriff geworden, der nach dem Urteil von Dr. Möllering nur ein mildes Lächeln erntet. Und dennoch sieht er ohne ein klares ethisches Konzept die Chance zur Bekämpfung der Korruption als gering an.[72]

Mittlerweile sind auch in der Bundesrepublik zahlreiche Unternehmen durch die Erstellung von Ethikrichtlinien und durch das Ethiktraining von Mitarbeitern aktiv geworden. Über zwei Drittel der 500 größten, durch das Institut für Wirtschaftsethik der Universität St. Gallen befragten deutschen Unternehmen sehen eine dringende Notwendigkeit für Ethikmaßnahmen.[73] Auch aus einer Studie der internationalen Wirtschaftsprüfungsgesellschaft KPMG geht hervor, daß sich mehr als 60%

---

[71] Im Kampf gegen..., Wirtschaftswoche, 3.10.1996, S. 98

[72] Korruptionsprävention durch..., J. Möllering, 10. VZM Sicherheitskonferenz 1997

[73] Im Kampf gegen..., Wirtschaftswoche, 3.10.1996, S. 98

aller deutschen Unternehmen Erfolge bei der Bekämpfung der Wirtschaftskriminalität (darunter auch Wirtschaftsspionage) durch eine Sensibilisierung der Führungsköpfe erhoffen. Viele Manager, so eine Aussage der Studie, ignorieren Warnsignale im eigenen Unternehmen oder nehmen sie viel zu spät wahr.[74]

„Verantwortung im Management" heißt eine neue Initiative der Adam Opel AG in Rüsselsheim. Ziel der Aktion ist aus gegebenem Anlaß auch die Bekämpfung der Wirtschaftskriminalität. An dieser Seminarreihe nehmen über 800 Führungskräfte aus allen deutschen Opel-Werken teil. Inhalt der Seminare sind Vorträge über Unternehmensethik, Diskussionen über Interessenskonflikte zwischen Privat und Berufsleben sowie Verhaltensgrundsätze an anonymisierten Beispielen aus der Opel Praxis.[75]

Teil der Ethikmaßnahmen bei Opel ist die Einrichtung einer sogenannten Hotline, über die Mitarbeiter Hinweise auf Verdachtsmomente geben können. Der Erfolg der Aktion wird aufmerksam beobachtet, denn die Maßnahme kann auch negative Wirkungen auf das Betriebsklima haben. Die Einrichtung wird vom Betriebsrat als „Petztelefon" bezeichnet, das das Betriebsklima vergifte. In den USA jedenfalls hat sich diese Einrichtung bei General Motors bereits bewährt. Allein im Jahr 1995 wurden 2146 Hinweise auf mögliches Fehlverhalten von Mitarbeitern über Mitarbeiter gegeben. Der Grund für den Erfolg dieser Hotline liegt meines Erachtens darin, daß sich der Mitarbeiter nicht einem Vorgesetzten offenbaren muß, sondern einem von den Mitarbeitern gewählten Ombudsmann. In jedem Falle ist dieses Instrument mit großem Feingefühl und mit Professionalität zu verwenden.

Ulrich Reitz, Leiter der Abteilung Werksanlagen bei Opel, ist jedenfalls von der Maßnahme überzeugt. Er ist der Meinung, daß mindestens 60% der aufgrund von Wirtschaftskriminalitätsdelikten entlassenen Mitarbeiter nicht hätten gehen müssen. Ohne die jetzt durchgeführten Maßnahmen seien viele Mitarbeiter durch geschicktes Anfüttern mittels Geschenken durch Dritte, für die zunächst keine Gegenleistung gefordert wurde, in Abhängigkeit geraten.[76]

Bei Audi in Ingolstadt hat man mittlerweile, wie in zahlreichen Unternehmen, das Problem erkannt und handelt. Für die Audi-Führungsspitze gilt das BDI-Manifest, das der Bundesverband für seine Mitglieder ausgearbeitet hat.

Sicherheitsexperte Rainer von zur Mühlen hält die Förderung von korrektem Handeln und Sicherheit im Betrieb für dringend erforderlich. Erst wenn Ethik-

[74] Im Kampf gegen..., Wirtschaftswoche, 3.10.1996, S. 98

[75] ebenda

[76] ebenda

grundsätze und -ziele an der Unternehmensspitze verankert seien, könnten auch Sicherheitstechnik und Kontrollmaßnahmen greifen.[77] Damit hat Herr von zur Mühlen sicher recht, denn bekanntlich fängt der Fisch am Kopf zu stinken an. Wenn die Führungsspitze mit schlechtem Beispiel vorangeht, so ist ein Fehlverhalten der Mitarbeiter vorprogrammiert. Auch Wolfgang Strinz, Personal- und Fertigungsvorstand von Opel, stellt klar, daß Sicherheit Chefsache sei.[78]

Bei der Erstellung einer Ethikrichtlinie ist das BDI-Manifest sicher eine brauchbare Grundlage, die als Themenleitfaden für eine unternehmensspezifische Abwandlung geeignet ist. So fordert das BDI-Manifest unter anderem die strikte Beachtung von Gesetzen im In- und Ausland. Die Mitarbeiter seien über diese Maßnahme und die Sanktionen bei Nichtbeachtung zu belehren. Diese Belehrung müsse in die Personalakte übernommen werden. Die betrieblichen Aus- und Fortbildungsmaßnahmen sollen das Problem Korruption nicht aussparen. Auf die Vorbildsfunktion der Unternehmensleitung wird besonders hingewiesen. Bei Annahme und Zuwendung von Geschenken sei äußerst restriktiv zu verfahren. Privat und Geschäft seien tunlichst zu trennen.

Es bleibt der Unternehmensführung überlassen, ein Ethiktraining durch interne oder externe Experten durchführen zu lassen. Aufgabe der Trainer sollte es in jedem Falle sein, den Entscheidungsträgern die Tragweite der Wirtschaftsspionage als heimlichen Verlustbringer vor Augen zu führen. Erfahrungsgemäß sind nur wenigen Mitarbeitern Präzedenzfälle bekannt, die ausgefeilten Methoden noch weniger. Entscheidend ist immer das Umfeld, in dem die Ethikmaßnahmen durchgeführt werden. In einem Unternehmen, in dem durch Kostensenkungen jeder zweite Arbeitsplatz gestrichen wird, findet eine Maßnahme zur Aufrüstung der Ethik aller Voraussicht nach wenig Zustimmung bei den Mitarbeitern.

Bei Abwägung aller Vor- und Nachteile der Ethikrichtlinien und des Ethiktrainings überwiegen meines Erachtens klar die Vorteile. Denn das Geschäftsgebaren in der Bundesrepublik entwickelt sich in Richtung der amerikanischen Verhaltensmuster. Ethikrichtlinien und Ethiktraining sind in den USA seit Jahren eingeführt und werden mit Erfolg als Richtwert für das Verhalten der Mitarbeiter im Unternehmen und der Unternehmen im Umgang miteinander eingesetzt. Warum also sollte dieser Ansatz in der Bundesrepublik weniger erfolgreich sein?

---

[77] Rainer von zur Mühlen, 10. VZM Sicherheitskonferenz 1997
[78] Im Kampf gegen…, Wirtschaftswoche, 3.10.1996, S. 98

12.2 Problemorientierte Mitarbeitervertragsgestaltung

Die strafrechtlich geringen Folgen von Vergehen im Bereich der Wirtschaftsspionage sind bereits eingehend diskutiert worden. Wirtschaftsspionage wird derzeit nur sehr milde bestraft. Wirtschaftsspionage lohnt sich. Leider gilt auch bei der Gestaltung der Mitarbeiterverträge die Einschränkung, daß entsprechende Vereinbarungen keine große Wirkung zeigen. Dr. Möllering vom DIHT zieht zum Thema Prävention durch Mitarbeitervertragsgestaltung jedenfalls ein eher ernüchterndes Fazit: Die Aufnahme von problemorientierten Passi in Mitarbeiterverträgen könne zwar Schranken einbauen, ob diese jedoch vor Gericht Bestand haben, ließe sich kaum voraussagen.[79]

Daher ist es sinnvoll, schon bei der Erstellung von Anforderungsprofilen für Mitarbeiter zu prüfen, ob die Aufgaben des Mitarbeiters in einem sensiblen Bereich liegen. Neu einzustellende Mitarbeiter sollten über mögliche Interessenskonflikte befragt werden. Interessenskonflikte können sich ergeben aus Kapitalbeteiligungen bei der Konkurrenz, bei Lieferanten oder Abnehmern. Ebenso stellen Beteiligungen von nahen Angehörigen an solchen Unternehmen Potential für Interessenskonflikte dar. Besonders sensibel sind honorierte Nebentätigkeiten, die eine Basis für unloyales Verhalten sein können.

Die Tiefe und der Wahrheitsgehalt der Befragung sind jedoch begrenzt. Nur besondere Vetrauenspositionen können die Grundlage für die Offenbarung von Tatsachen begründen, über die ein Arbeitnehmer in einer niedrigen Position nicht verpflichtet ist zu sprechen. Generell gibt es keine Verpflichtung des Arbeitnehmers, dem Arbeitgeber Auskünfte über Nebentätigkeiten zu erteilen. Erst wenn diese Auskunftspflicht im Mitarbeitervertrag oder tariflich geregelt ist, besteht eine Auskunftspflicht. Um frühzeitig die Möglichkeit der Personalrotation zu schaffen, ist es ratsam, bereits bei der Einstellung diese Option zu besprechen und in den Arbeitsvertrag zu übernehmen.

Es zeigt sich immer wieder, wie nachlässig Lebensläufe von Bewerbern gelesen werden. Lücken in den Lebensläufen werden nicht hinterfragt. Vorstrafen, Offenbarungseide oder andere Delikte werden nicht erfaßt. Häufig werden Kopien von Zeugnissen akzeptiert. Dabei ist mit den heute zur Verfügung stehenden technischen Möglichkeiten die Fälschung eines Zeugnisses ein Kinderspiel.

---

[79] Korruptionsprävention durch..., J. Möllering, 10. VZM Sicherheitskonferenz 1997

12.3 Personalrotation

Je länger ein Mitarbeiter in einer Funktion tätig ist, desto anfälliger wird er für Anfütterversuche von außen. Diese Erkenntnis zieht sich durch zahlreiche Fälle, die bislang im Bereich Wirtschaftsspionage aufgedeckt worden sind. Die Ursache für dieses Faktum mag darin liegen, daß Frustrationen mit der Dauer der ausgeführten Tätigkeit wachsen. Ein Mitarbeiter, der bereits innerlich gekündigt hat, ist eine ideale Zielperson für einen Korrumpierungsversuch mit darauffolgendem Ausspähversuch. Insbesondere Mitarbeiter, die auf ein Abstellgleis geschoben worden sind, stellen eine erhebliche Gefahrenquelle dar. Sie stehen nicht im Mittelpunkt des Interesses und können unauffällig ein einträgliches Geschäft mit dem Verkauf von Informationen machen. Das hat sich schon zu Stasizeiten erwiesen.

Wenn ein Mitarbeiter lange in seiner Position verharrt, so wachsen auch die Beziehungsgeflechte. Beziehungsgeflechte sind ein gutes Umfeld für den Aufbau von Informationskreisen und Seilschaften. Die Personalrotation ist dann ein gutes Mittel gegen das Entstehen von Beziehungsgeflechten, wenn sie mit Augenmaß durchgeführt wird. Augenmaß ist dann gefragt, wenn langjährige Beziehungen für den Geschäftserfolg entscheidend sind.

13 Welche organisatorischen Schutzmaßnahmen sind möglich?

Die Möglichkeiten, Ausspähangriffe oder Sabotagetätigkeiten durch organisatorische Maßnahmen zu erschweren, liegen sowohl in den Bereichen der Aufbau- als auch der Ablauforganisation.

Zunächst ist in den bereits bestehenden Regelungen hinsichtlich der Aufbau- und Ablauforganisation, die gegebenenfalls bereits in einem Organisationshandbuch festgelegt sind, zu prüfen, ob die Maßnahmen zur Abwehr von Wirtschaftsspionage auf dem neuesten Stand sind. Durch die rapide Entwicklung der Kommunikationsmöglichkeiten in den letzten Jahren wird dies meiner Erfahrung nach nicht der Fall sein.

13.1 Aufbauorganisation

Grundsätzlich ist es sinnvoll, wenn die Organisationsstruktur strikt in Betriebs- und in Sicherheitsverantwortung getrennt wird. Um dies zu verdeutlichen: Der Sicherheitsbeauftragte darf in keiner Form weisungsrechtlich an Entscheidungsträger gebunden sein, die für sicherheitstechnische Flops aus dem betrieblichen Bereich verantwortlich sind. Im Rahmen eines Organigramms sollten die für die Spionage- und Sabotageabwehr zuständigen Entscheidungsträger und Mitarbeiter klar gekennzeichnet werden. Dies ist wichtig, um als Entscheidungsträger im Unternehmen zu erkennen, wie die Weisungsrechte festgelegt sind und welche Abhängigkeiten aus sicherheitspolitischen Aspekten geändert werden müssen. Die Kommunikation der nach sicherheitsrelevanten Gesichtspunkten überarbeiteten Strukturorganisation an die Mitarbeiter zeigt diesen, wer bei einem Verdacht auf Wirtschaftsspionage der zuständige Ansprechpartner ist.

Das Instrument der Trennung von Handlungs- und Überprüfungsfunktionen sollte durch das Vier-Augen-Prinzip ergänzt werden. Der Zugriff auf hochsensible Daten kann beispielsweise so gesteuert werden, daß dies nur von zwei Personen zusammen mit den jeweiligen Kennkarten und Paßwörtern möglich ist.

Hinsichtlich der Unternehmensführung habe ich bereits deutlich gemacht, wie wichtig es ist, einen Vorstand oder Geschäftsführer direkt für den Sicherheitsbereich verantwortlich zu machen. Nur wenn die Verantwortung und Kompetenz für Schutzmaßnahmen von der Unternehmensspitze getragen wird, kann eine ethische und organisatorische Verantwortung von den Mitarbeitern gefordert und durchgesetzt werden.

13.2 Ablauforganisation

Hinsichtlich der Ablauforganisation sind exakte Regelungen und Verfahrensweisen festzulegen, wie bei der Handhabung der sensiblen Informationen und bei der Verwendung der dazu notwendigen Datentechnik zu verfahren ist. Diese Regelungen sind zu dokumentieren und fortzuschreiben. Ein sehr wichtiger Aspekt in diesem Zusammenhang ist die Handhabung von Zugangsberechtigungen zu sensiblen Daten.

Für eigenes und fremdes Personal müssen eindeutige Sicherheitsbereiche definiert und Zugangsregelungen festgelegt werden. Vor allem Service- und Wartungspersonal ist hinsichtlich der Zugangsmöglichkeiten zu limitieren und zu kontrollieren.

13.2.1 Kontrolle

Die bestehenden Sicherheitsmechanismen müssen kontrolliert werden, um eine gewisse Lässigkeit zu unterbinden, die sich mit der Zeit im Alltag einschleifen kann. Die Kontrollfunktion wird in der Regel von Seiten der internen Revision vorgenommen.

Es hat sich in der Praxis darüber hinaus als durchaus sinnvoll erwiesen, in strategisch besonders sensiblen Bereichen Kontrollen durch externe Experten durchführen zu lassen. Externe Kontrollen haben den Vorteil, daß die Betriebsblindheit ausgeschaltet wird und daß vor allem in anderen Fällen gewonnene Erfahrungen genutzt werden können. Der Einfallsreichtum und die kriminelle Energie der Täter können nur durch ebenso versierte Experten effizient kompensiert werden. Zu den Kontrollmechanismen zählen folgende Funktionen[80]:

Identifikation	Bestimmung der Identität eines Subjekts
Authentisierung	Nachweis der angegebenen Identität
Rechteprüfung 1 Rechteverwaltung (Zugriffskontrolle)	Überprüfung, ob ein bestimmtes Subjekt die Berechtigung hat, in der beabsichtigten Art auf das gewünschte Objekt zuzugreifen; Verwaltung der Rechtebeziehungen zwischen Subjekten und Objekten.
Beweissicherung	a) allgemeine Beweissicherung (Accounting), d.h. generelle Aufzeichnung aller ausgeübten Rechte.

[80] Informationen für geheimschutzbetreute Unternehmen, BMWI, 1997, S. 68 ff.

(Protokollierung)	b) Protokollauswertung (Auditing), d.h. Entdeckung und Auswertung sicherheitsrelevanter Ereignisse, insbesondere der Ausübung nicht zugestandener Rechte.
Wiederaufbereitung	Aufbereitung wiederverwendbarer Betriebsmittel vor dem nächsten Gebrauch.
Unverfälschtheit	Gewährleistung der Unverfälschtheit und Konsistenz von Daten.
Fehlerüberbrückung	Begrenzung der Auswirkungen von Fehlverhalten des Systems (Erkennung und Überbrückung).
Gewährleistung einer Funktionalität	Garantie der korrekten Funktionsweise unverzichtbarer Systemkomponenten.
Übertragungssicherung	Sicherung der Daten beim Transport auf Übertragungswegen durch a) Authentisierung auf Partnerebene, d.h. Garantie, daß während einer Datenübertragung auch tatsächlich die gewünschten Partner miteinander kommunizieren. b) Zugriffskontrolle, d.h. Ausschluß der unberechtigten Verwendung von Betriebsmitteln der Datenübertragung. c) Vertraulichkeit von Daten (Geheimhaltung der Daten während der Übertragung). d) Integrität von Daten, d.h. an allen dazu erforderlichen Stellen bei der Übertragung müssen die relevanten Daten aus dem Datenstrom rekonstruierbar sein. e) Authentisierung des Senders von Daten, d.h. Identifizierung und Authentifizierung des Urhebers eines Datenstromes. f) Anerkennung von Daten, d.h. Nachweis des Ursprungs und des Empfangs von Daten.

13.2.2 Paßwortregelungen

Bei physisch kleineren Rechnern ist die Zugangsberechtigung über Paßwörter ein weitverbreiteter Modus. Und ein sehr lax gehandhabter Modus dazu. Meist wird bei der Wahl der Paßwörter der bequemste Weg gewählt, der das eigene Gedächtnis wenig strapaziert. Dabei sollten die Hinweise des Bundesbeauftragten für den Datenschutz ernstgenommen werden, die besagen, daß ein Paßwort zwar für den Benutzer leicht zu merken, für den Fremden jedoch schwer zu erraten sein muß.[81] Also sind der Name der Ehefrau oder die Reihenfolge 1234 oder das Kürzel des eigenen Namens völlig ungeeignet, um als Paßwort Schutz gegen Ausspähversuch zu bieten. Ebenso wenig sinnvoll ist das Aneinanderreihen von Tasten als bequeme Paßwortgestaltung.

Selbst für einen Computerlaien ist es relativ einfach, ein triviales Paßwort herauszufinden, das mit wenig Umsicht gewählt wurde. Ein Angreifer wird mit Sicherheit zunächst alle personenrelevanten Daten, wie zum Beispiel auch das Geburtsdatum ausprobieren. Wenn das nicht funktioniert, ist der Einsatz von Paßwortanalyseprogrammen hilfreich, die leicht aus dem Internet zu beziehen sind.

Daher sollte die Mindestlänge eines Paßwortes sechs Stellen umfassen. Die Zeichen des Paßwortes sollten alphanumerisch gestaltet sein, wie z.B. 74$bPi...

In diesem Beispiel werden Zahlen, Sonderzeichen und Buchstaben verwendet. Die Buchstaben werden in Groß- und Kleinschreibung verwendet, die vom Computer bei der Paßworterkennung als unterschiedliche Zeichen angesehen werden.

Der Hinweis, das Paßwort nicht zu notieren oder niemandem mitzuteilen, ist leider nicht überflüssig. Allzuoft scheitern aufwendige Schutzmaßnahmen an banalen Fehlern. Das Paßwort sollte in angemessenen Abständen geändert werden. Angemessen bedeutet, daß ein Ausgleich zwischen der Merkfähigkeit von Paßwörten durch die Anwender und den Sicherheitsinteressen des Unternehmens gefunden werden muß.

Leider sind Paßwörter oder Zugangscodes heute für alle möglichen Anwendungen im Betrieb und im privaten Bereich notwendig geworden. Dazu zählt das Paßwort für den Rechner im Betrieb, die Euro-Scheckkarte, die Mastercharge-Karte usw. Unsere begrenzte Merkfähigkeit unter Streß erkennen wir meist erst dann, wenn wir wie der „Ochs vor dem Berg“ am Bankautomaten stehen und die Bankzugangsberechtigung vergessen haben. Eine Möglichkeit für den Fall des Vergessens ist die Niederschrift aller Codes in einer Datei, die anschließend verschlüsselt und über-

[81] Informationen für geheimschutzbetreute Unternehmen, BMWI, 1997, S. 68 ff.

schrieben wird. Auf diese Datei kann man im Notfall zurückgreifen, wenn man nicht gerade das Paßwort für die Entschlüsselung vergessen hat!

Ein Paßwortsystem kann so eingestellt werden, daß zum Beispiel Paßwörter mit nur drei Stellen vom System abgewiesen werden. Oder es wird unterbunden, daß man aus Bequemlichkeit dasselbe Paßwort wie das alte verwendet. Für besonders sensible Daten sollte man im sogenannten Zweischlüsselverfahren arbeiten. Beim Zweischlüsselverfahren kennt zum Beispiel ein Mitarbeiter die erste Hälfte des Paßwortes, der zweite Mitarbeiter die zweite Hälfte.

Das Paßwort des Systemverwalters, das eo ipso er selbst nur kennen darf, sollte für den Vertretungsfall in einem versiegelten Umschlag bei der Geschäftsleitung hinterlegt werden. Die Datei des Systemverwalters, in der er die Paßwörter der Mitarbeiter zusammengefaßt hat, muß durch Verschlüsselung geschützt werden. Diese Datei ist meist das wichtigstes Angriffsziel bei Ausspähversuchen.

Paßwörter dürfen selbstredend auch nur für einen bestimmten Zeitraum an Betriebsangehörige vergeben werden, und zwar für den Zeitraum, in dem sie das Paßwort tatsächlich benötigen. Ein Zugriff kann auf die Bürozeit begrenzt werden. Wenn Paßwörter zu Wartungszwecken ausgegeben werden, so muß die Dauer der Gültigkeit begrenzt sein, um eine kontrollierte Inanspruchnahme zu gewährleisten.

Die Anzahl der Anmeldeversuche sollte auf maximal drei begrenzt werden, danach erfolgt eine automatische Sperrung des Zugriffs. Die Fehlversuche müssen automatisch protokolliert und an den Systemverwalter gemeldet werden. Eine Information des Systemverwalters über Zugriffe außerhalb der normalen Bürozeit kann Hinweise auf Ausspähversuche geben. Auch dem Benutzer können Informationen über die Anzahl der Fehlversuche und die zuletzt korrekt erfolgte Anmeldung (Tag/Uhrzeit/Rechner) gegeben werden.

Ein sogenanntes AUTO LOGIN durch einfaches Drücken einer Funktionstaste ist zu unterbinden. Da es häufig vorkommt, daß ein Mitarbeiter während der Bildschirmarbeit vom Arbeitsplatz gerufen und abgelenkt wird, sollte das System den Zugriff automatisch nach fünf Minuten Nichtbenutzung sperren und die Neueingabe des Paßwortes notwendig machen.

13.2.3 Einkauf

Da es häufig vorkommt, daß im Unternehmen Hardware- und Softwarekomponenten verwendet werden, die durch Mitarbeiter in das Haus gebracht werden, möchte ich auf die besonderen Risiken dieser Verfahrensweise hinweisen. Bei Laptops und bei Notebooks, die von Führungskräften im Betrieb und auch im Büro zu Hause verwendet werden, ist es gang und gäbe, das eigene Softwarekomponenten „privat" installiert werden. Externe Komponenten können Bestandteile enthalten, die im Unternehmen nichts zu suchen haben und die für Ausspähversuche eingesetzt werden (Analyzer etc.). Weit größer ist die Gefahr einzuschätzen, die durch Computerviren entsteht, die sich auf den betriebsfremden EDV-Datenträgern befinden. Wenn Viren von diesen Datenträgern in das betriebsinterne Datensystem eindringen, kann der Schaden erheblich sein.

Daher sollten im Betrieb nur solche EDV-Komponenten verwendet werden, die durch den Einkauf beschafft und geprüft worden sind. Fremdkomponenten sollten strikt verboten werden. Diese Verfahrensweise muß in den betriebsinternen Regelungen zur Beschaffung von EDV-Komponenten festgeschrieben werden. Beim Einkauf der EDV-Komponenten stehen der Einkaufsabteilung kompetente Institutionen wie zum Beispiel das Bundesamt für Sicherheit in der Informationstechnik zur Seite. Diese Institutionen prüfen EDV-Komponenten auf sicherheitstechnische Aspekte und geben entsprechende Empfehlungen.

In diesem Zusammenhang sind auch die rechtlichen Probleme für das Unternehmen zu nennen, wenn auf betriebseigenen Rechnern betriebsfremde Software installiert und verwendet wird, die als Raubkopie abgekupfert worden ist. Wenn Fälle von Raubkopien den Strafverfolgungsbehörden bekannt werden, so ist mit einer Anzeige zu rechnen. Mittlerweile haben sich die Softwarehersteller bei der Verfolgung von Raubkopien bestens organisiert. Die Aufdeckungsraten steigen erheblich. Die Folgen für das Unternehmen können sehr unangenehm werden.

13.2.4 EDV-Bestandsverwaltung

EDV-Komponenten im Unternehmen müssen in einem Inventarverzeichnis festgehalten werden. Dieses Inventarverzeichnis ist nicht nur einmal im Jahr zu aktualisieren, sondern bei jedem Zu- oder Abgang. Dies gilt insbesondere für mobile EDV-Geräte wie Laptops oder Notebooks, die von Führungskräften verwendet werden. Die verwendeten Datenträger sollten mit dem Inhalt und dem Namen des Nutzers klar gekennzeichnet sein. Ein Aufkleber mit dem deutlich erkennbaren Unternehmenslogo hilft, Fremddisketten zu identifizieren und zu eliminieren.

Besondere Regelungen müssen für die Vernichtung, Löschung und Aufbewahrung von Datenträgern getroffen werden. Hierbei ist zu beachten, daß Datenträger erst dann zuverlässig gelöscht werden können, wenn sie einem starken Magnetfeld ausgesetzt worden sind. Für spezielle Verfahren in diesem Zusammenhang wird auf die Hinweise der BSI im Anhang verwiesen.

14 Welche technischen Schutzmaßnahmen sind möglich?

Unter technischen Schutzmaßnahmen verstehe ich alle Maßnahmen des Unternehmens, die sich auf Gebäude, Räume sowie einzelne EDV-Komponenten beziehen.

14.1 Baulich-technische Schutzmaßnahmen

Bauliche Schutzmaßnahmen beziehen sich in erster Linie auf den Zugang zu EDV-Komponenten. Dabei stehen sowohl das Rechenzentrum als auch die einzelnen Komponenten von dezentralen EDV-Einrichtungen im Mittelpunkt des Interesses. Den Begriff des Rechenzentrums setze ich in der nachfolgenden Betrachtung einem Zentrum für sensible Informationen gleich.

Zunächst einmal muß in Betracht gezogen werden, wie schwer man es einem Angreifer bereits im Vorfeld machen kann, physisch an die EDV-Komponenten zu gelangen.[82] Die Gedanken, die sich in diesem Zusammenhang von Seiten des Unternehmens gemacht werden sollten, müssen also bereits im Vorfeld des eigentlichen Zugangs oder Zugriffs auf sensible Daten ansetzen.

So ist zum Beispiel zu prüfen, ob und gegebenenfalls wie leicht es für potentielle Angreifer ist, auf das Gelände des Unternehmens zu gelangen. So kann der Zutritt zum Gebäude über öffentliche Wege möglich sein. Es ist zu prüfen, ob ein Zaun vorhanden ist, wie dieser Zaun beschaffen ist und wie groß die Entfernung des Zaunes zum Gebäude ist (elektromagnetische Abstrahlung). Es ist zu prüfen, wie leicht ein Rechenzentrum von außen zu erkennen ist. Des weiteren muß hinterfragt werden, inwieweit der Zugang zum Betriebsgelände derzeit kontrolliert wird. Dies schließt gegebenenfalls Besucherparkplätze sowie die Mitarbeiterparkplätze mit ein. In den Bereich der Freigeländeabsicherung fallen alle Maßnahmen, die durch Videoüberwachung, Zaunsicherung, Bewegungsmelder sowie automatische Beleuchtung abgedeckt werden sollten.

Die Frage der Kontrollmaßnahmen des Betriebsgeländes durch den Werkschutz umfaßt die ständige Bestreifung und den ständigen oder zeitweisen Pfortendienst. Für das Gebäude selbst gelten analoge Sicherheitsüberlegungen.

Der Standort des Rechenzentrums sollte sich nicht im Erdgeschoß befinden. Das Rechenzentrum sollte als Sicherheitsbereich definiert und nach dem „closed shop"-

[82] Informationen für geheimschutzbetreute Unternehmen, BMWI, 1997, S. 3 ff.

Prinzip betrieben werden. Die baulichen Vorschriften für ein Rechenzentrum sind in den DIN Vorschriften 1053, Teil 1 oder 1045, zu finden (siehe Anhang). In diesen Vorschriften werden aufgrund von Erfahrungswerten Hinweise gegeben, wie die Grundstruktur hinsichtlich der Armierung, der Wandstärken sowie eventuell beidseitig einzubringender Betonstahlmatten auszugestalten ist. Mittlerweile werden in der Bundesrepublik Materialien für die Beschichtung von Wänden angeboten, die eine elektromagnetische Abstrahlung durch EDV-Komponenten wesentlich herabsenken können.

Die Türen zum Rechenzentrum sind in einbruchshemmender Ausführung zu gestalten. Darunter sind alle Vorkehrungen zu verstehen, die Einbruchsversuche mit Hebel- und Schlagwerkzeugen erschweren. Der Widerstandswert der einbruchshemmenden Türen liegt nach Kategorie ET 3 bei mehr als zehn Minuten. Auch die Fenster sollten, sofern sie erreichbar sind, einbruchshemmend sein. Einbruchshemmend sind durchbruchshemmende Verglasungen der Klasse EF 3. Bewährt haben sich einbruchshemmende Rolläden oder Gitterkonstruktionen oder Schutzjalousien, die einbruchs-, durchwurfs- oder durchbruchsicher sind.

Zu den mechanischen Schutzmaßnahmen zählt der Einsatz von geprüften, hochwertigen Schlössern (Profilzylinder nach DIN V 18254, Klasse 2 für Innentüren und Klasse 3 für Außentüren) und den jeweiligen Schutzbeschlägen nach DIN 18257 (siehe Anhang). Bei den Schutzbeschlägen ist auf die Abdeckung des Zylinders zu achten, da somit ein ausreichender Schutz gegen die sogenannte Kernziehmethode geboten wird. Zylinder von Schließanlagen mit Profilzylinder weisen hinsichtlich der Aufsperrsicherheit im Vergleich zu Einzelschließungen einen geringeren Sicherheitsgrad auf. Deshalb sollten Sicherheitsbereiche grundsätzlich Schlösser haben, die nicht zu einer Schließanlage gehören. Logischerweise ist es für die Sicherheit entscheidend, daß eine aktuelle Liste mit den Namen der Personen geführt wird, die sich im Besitz eines Schlüssels befinden. Zu dieser Liste gehören auch die Reserve- und Notschlüssel. Analoge Richtlinien sollten auch für die Identifikationsträger gelten, die als Schlüssel bei der Zugangskontrollanlage verwendet werden. Hinsichtlich der Schüsselaufbewahrung für besonders sensible Informationen kann im Unternehmen dieselbe Verfahrensweise wie im staatlichen Geheimschutz für Verschlußsachen eingesetzt werden. Hier ist die Aufbewahrung in besonderen Schlüsselbehältern vorgeschrieben.

Um den berechtigten Zugang zu einem Rechenzentrum zu steuern, sollten Zugangskontrollanlagen (ZKA) eingesetzt werden. Ziel der Maßnahme ist, daß nur der tatsächlich befugten Person der Zutritt ermöglicht wird. Bei der Installation der Zugangskontrollanlagen ist darauf zu achten, daß diese einen erhöhten Schutz gegen Überwindungsversuche benötigen. Gleichzeitig muß die Zugangskontrollanlage jedoch eine hohe Systemverfügbarkeit aufweisen. Der Identifikationsmerkmalsträger kann ein Schlüssel, eine Identifizierungskarte mit Codierung oder PIN-Nummer oder ein biometrisches Kennzeichen sein. Dieser Identifikationsmerkmalsträger muß einem Benutzer eindeutig zugeordnet sein. Sowohl der Identifikationsmerkmalsträger als auch die systemzugehörigen Ein- und Ausgabegeräte müssen gegen das Auslesen geschützt sein.

Ein sicheres Zugangskontrollsystem sollte darüber hinaus folgende Leistungsmerkmale aufweisen:

- Zeit- und Raumzonen
- Doppelnutzungssperren
- Personenzählungen
- Zwei-Personen-Kontrolle
- Durchgangsüberwachung
- Parallelverschluß von Durchgängen
- Flucht- und Rettungswegesteuerung
- Registriereinrichtung
- Datensicherung
- Batteriepufferung
- Störanzeigen

Bei der Einrichtung von Fluchtwegen aus dem sensiblen Bereich des Rechenzentrums ist darauf zu achten, daß die Sicherheit der Mitarbeiter im Gefahrenfall gewährleistet ist. Gleichzeitig ist jedoch zu prüfen, ob bei Auslösung des Alarms durch einen Angreifer gegebenenfalls die bestehenden Sicherheitsmechanismen ausgeschaltet werden.

14.2 Hardwaretechnische Schutzmaßnahmen

Schutzmaßnahmen im Bereich der Firmware und Hardware reichen von der Kabelinfrastruktur über den Einsatz von zertifizierten Produkten, die Abschottung gegen elektromagnetische Abstrahlung bis hin zum Einbau von sogenannten „Firewalls“. Nachstehend werden einige der möglichen Schutzmaßnahmen angesprochen.

14.2.1 Kabelinfrastruktur

Effiziente Schutzmaßnahmen beginnen bereits mit der Absicherung der Kabelinfrastruktur. Die Kabel und die Netzknoten müssen geschützt werden gegen:

- Unbefugten Zugriff
- Abhören
- Sabotage
- Kompromittierende Abstrahlung

Sowohl Kupferkabel als auch Lichtwellenleiter können abgehört werden. Das Abhören von Lichtwellenleitern (LWL) ist jedoch aufgrund der hohen Übertragungsgeschwindigkeit ungleich schwieriger als bei Kupferkabeln. Für Kabelinstallationen gibt es die europäische Norm „Leistungsanforderungen an strukturierte Verkabelungsschemata" (EN 50 173, siehe Anhang). Eine Installation der Kabel nach dieser Norm bietet dem Unternehmen einen Grundschutz. Neben der Einhaltung dieser Norm sind folgende Schutzmaßnahmen der Kabelinfrastruktur notwendig:

- Verlegung von Kabeln in verschlossenen und verplombten Kabelschächten und -kanälen,
- Verlegung von Lichtwellenkabeln ohne abhörbare Schleifen,
- Vermeidung von allen Steckern oder Abzweigungen, die nicht betriebsnotwendig sind,
- Verlegung von Kabelenden der Lichtwellenleiter in geschützten Sicherheitsbereichen,
- Einhaltung von Schutzmaßnahmen, die für lokale Netze vorgeschrieben sind,
- Verwendung von abgeschirmten Kabeln und Anschlußdosen,
- Durchführung von Kontrollmessungen auf Abstrahlung,
- Durchführung von Lauschabwehrmaßnahmen gegen Abstrahlung, räumlicher Abstand zwischen Stark- und Schwachstrom und Datenübertragungskabeln.

14.2.2 Rechner und Peripherie

Zu den Hardwarekomponenten einer EDV-Anlage zählen unter anderem:

- Mainframes (Großrechner) als zentrales Element der Datenverarbeitung,
- Personalcomputer (PC) als selbständige Rechner,
- Workstations als Rechner in einem Rechnernetz,

- Server als Rechner in einem Rechnernetz, der besondere Aufgaben, wie zum Beispiel das Drucken, die Kommunikationssteuerung oder Datenbankfunktionen übernimmt,
- Client als Arbeitsplatzrechner in einem Client/Server-Netzwerk,
- Router als Rechner, die Kommunikationswege steuern,
- Modems und Schnittstellen, die eine Anbindung eines Rechners an Kommunikationsnetze steuern,
- Zugangskontroll- und Kryptographiergeräte.

Zu den wichtigsten Schutzmaßnahmen in Hinblick auf die Hardwarekomponenten einer EDV-Anlage zählt die Abschirmung gegen die kompromittierende Abstrahlung. Das Abschirmen eines Rechners ist extrem teuer. Ein nach NATO-Standard gebauter, abstrahlsicherer Rechner kostet um die 100.000 DM. Das ist ein enormer Kostenfaktor.

Hinsichtlich der kompromittierenden Abstrahlung von EDV-Komponenten sind mittlerweile preiswertere Produkte auf dem Markt erhältlich, die bei korrekter Installation einen hinreichenden Schutz ermöglichen können. Dazu zählt zum einen eine Art Schutztapete, die auf die Mauern aufgebracht wird, in denen die zu schützende EDV-Komponente installiert werden soll. Letztendlich wird diese Variante in all jenen Bereichen sinnvoll sein, wo besonders sensible Daten gehandhabt werden. Eine weitere Möglichkeit zur Abschirmung von EDV-Komponenten gegen kompromittierende Abstrahlung ist die Verwendung von sogenannten Schutzkugeln, die um die EDV-Komponenten herum installiert werden. Hier stellt sich allerdings die Frage, inwieweit die Handlingsmöglichkeiten für den Anwender eingeschränkt werden.

Mittlerweile sind von der BSI geprüfte Produkte auf dem Markt, die den Zugang zu einzelnen EDV-Komponenten durch Chipkarten kontrollieren. Für Fragen in diesem Zusammenhang verweise ich auf die BSI in Bonn.

14.2.3 Firewalls

Unter einer Firewall kann man den Einsatz eines Rechners als eine Art „Brandmauer“ verstehen, die zwischen dem lokalen Netz des Unternehmens und dem öffentlichen Netz z.B. der Telekom eingezogen wird. Der Firewall-Rechner kontrolliert die Ein- und Ausgänge für die Nutzer des Internets. Die Überprüfung der Zugriffsberechtigung eines Anwenders erfolgt durch den Firewall-Rechner. Bei einem unbefugten Eindringen eines Angreifers wird der Zugriffsversuch nicht erst im unternehmenseigenen Rechnersystem, sondern bereits vorher im Firewall-

Rechner abgefangen. Der Firewall-Rechner selbst muß innerhalb des EDV-Sicherheitsbereiches liegen, um ausreichenden Schutz gegen Spionage- oder Sabotageangriffe zu gewährleisten.

Ein Firewall-Rechner besteht aus den Komponenten Software, Hardware und Verschlüsselung. Ein in sich geschlossenes Teilnetz (Screened Subnet) wird zwischen die zu schützenden EDV-Komponenten (PC, Netze, Mainframes) und das öffentliche Netz eingebaut. Vom öffentlichen Netz her sind nur die Rechner des Teilnetzes bekannt und ansprechbar. Nur wenn die Zugangskontrolle des Anwenders positiv verläuft, wird die „Weiterverbindung" gestattet.

Für die Nutzung eines Firewall-Rechners müssen alle Kommunikationsbeziehungen exakt festgelegt werden. Im Rahmen eines Security-Management-Systems werden diese Kommunikationsbeziehungen und die Schlüssel für die Verschlüsselung verwaltet. Daten, die von Seiten des Unternehmens dem freien Zugriff von außen zugänglich gemacht werden sollen, liegen außerhalb des zu schützenden Netzes logisch auf Informationsservern bereit.

14.3 Softwaretechnische Schutzmaßnahmen

Unter Software wird nach DIN 44 300 die Gesamtheit oder ein Teil der Programme für Rechnersysteme verstanden, die zusammen mit den Eigenschaften der Rechnersysteme den Betrieb der Systeme (Betriebssysteme), die Nutzung der Systeme zur Lösung gestellter Aufgaben oder zusätzliche Betriebs- und Anwendungsarten ermöglichen.[83] Softwaretechnische Schutzmaßnahmen beziehen sich auf die Betriebssysteme der EDV-Anlagen und die Anwendersoftware. Dem Bereich der Verschlüsselung von Daten kommt eine besonders hohe Bedeutung zu. Daher ist diesem Bereich ein eigenes Kapitel gewidmet.

14.3.1 Betriebssysteme

Dem Betriebssystem kommt aufgrund der zentralen Steuerung der Zugriffe auf einem Rechner und auf seinen Speicher in sicherheitsrelevanten Fragen die größte Bedeutung zu. Durch das Betriebssystem werden folgende Vorgänge gesteuert:

- Zugriffssteuerung und -kontrolle
- Paßwortverfahren
- Login/Logoff

[83] Informationen für geheimschutzbetreute Unternehmen, BMWI, 1997, S. 3 ff.

- Dateizugriff
- Beweissicherung
- Protokollierung und Protokollauswertung
- Wiederaufbereitung
- Unverfälschtheit
- Zuverlässigkeit der Dienstleistungen
- Verschlüsselung
- Übertragungssicherung

Zu den wichtigsten Betriebssystemen gehören heute DOS (PC-Ebene), UNIX (Mainframes), OS/2 PC (PC-Ebene, vernetzte PC-Systeme), Windows 3.x und Windows 95 (PC-Ebene), Windows NT (PC-Ebene, vernetzte PC-Systeme) und Netzwerkbetriebssysteme wie Netware, LAN-Manager für den Netzwerkbetrieb und andere mehr.

Die Vielzahl an EDV-Komponenten im Bereich der Mainframes, Server und PCs läßt eine ausführliche Diskussion aller Betriebssysteme nicht zu. Daher ist es sinnvoll, nur jene Betriebssysteme einzusetzen, die von qualifizierten Institutionen wie zum Beispiele der BSI zertifiziert worden sind.

14.3.2 Anwendersoftware

In den Bereich der Anwendungssoftware fallen Programme, die mit der betrieblichen Abwicklung verbunden sind. Das sind Programme zur Textverarbeitung, Tabellenkalkulationsprogramme, Datenbankprogramme, Zeichen- und Grafikprogramme, Fakturierungsprogramme, Lagerverwaltungsprogramme, Lohn- und Gehaltsprogramme, Buchhaltungsprogramme und viele andere mehr.

An dieser Stelle möchte ich ausdrücklich darauf hinweisen, daß Dateien, die in den weitverbreitet verwendeten Programmen wie beispielsweise WinWord, Excel und Quattro Pro mit Paßwörtern „geschützt“ werden, keinen wirklichen Schutz gegen Ausspähversuche aufweisen. Die Paßwörter werden in diesen Programmen in der Regel in der jeweiligen INI-Datei im Klartext gespeichert. Also kein Problem für einen Angreifer, diese Dateien zu finden und das Paßwort zu lesen. Der Grund für diese Laxheit auf Seiten der Hersteller liegt darin, daß sie sich vor Anrufen der Anwender, die ihre Paßwörter vergessen haben, kaum retten könnten. Also machen sie es sich selbst, dem Anwender und natürlich auch dem Angreifer leicht, an die Paßwörter zu kommen.

Die Sicherheit aller Anwendungsprogramme kann an dieser Stelle aufgrund der Vielzahl der angebotenen Programme nicht diskutiert werden. Daher sei wie bei den Betriebssystemen auf die BSI verwiesen, die eine Prüfung und Zertifizierung von zahlreichen Anwendungsprogrammen vorgenommen hat. Fragen zu einzelnen Produkten werden dort kompetent beantwortet.

15 Was bringt das Verschlüsseln der geheimen Daten?

Verfahren zur Verschlüsselung (Kryptologie) von geheimen Nachrichten im Rahmen militärischer Zwecke sind schon von den alten Griechen eingesetzt worden. Einfache Verschlüsselungsverfahren arbeiten mit der Verschiebung von Buchstaben im Alphabet. So wird das A durch das C ersetzt, das B durch das D usw. Durch die Einführung des Computers sind heutzutage sehr komplexe Verfahren möglich. Eine eingehende Diskussion dieser Verschlüsselungsverfahren wollen wir den Kryptoexperten vorbehalten. Den Entscheidungsträger im Unternehmen interessiert meiner Meinung nach in der Regel nicht, wie dieses Verfahren im Detail funktioniert. Er will vielmehr wissen, ob, wie sicher und unter welchen Voraussetzungen sensible Daten geschützt werden können.

15.1 Ausgangssituation in der Bundesrepublik

Grundsätzlich gilt für alle Verschlüsselungsprogramme, daß sie entschlüsselt werden können. Es gibt also auch hier auf Dauer keine vollkommene Sicherheit. Es ist immer vom jeweiligen Verschlüsselungsverfahren und der Rechnerkapazität abhängig, wie lange das Entschlüsseln einer Nachricht dauert. Bei Verwendung hochkomplexer Verschlüsselungsverfahren besteht der Vorteil darin, daß die Entschlüsselung einer Nachricht selbst unter Zuhilfenahme von Supercomputern lange Zeit dauern kann.

Wie lange, ist nicht genau definierbar, da sich Geheimdienste und staatliche Ermittler nicht in die Karten schauen lassen und ihr tatsächliches Entschlüsselungspotential nicht aufdecken. Wenn die Geheimdienste nicht bluffen, so bereiten ihnen bestimmte Verschlüsselungsprogramme doch einige Probleme. Nur so wäre es zu verstehen, daß staatliche Ermittler bei der Entwicklung und Genehmigung von Verschlüsselungsverfahren gerne ein Wörtchen mitreden wollen. In den USA fordern die NSA, das FBI und die CIA, daß sie zur Bekämpfung der organisierten Kriminalität einen sogenannten Superschlüssel von den Entwicklern der Verschlüsselungsprogramme erhalten. Mit diesem Nachschlüssel wäre es möglich, verschlüsselte Nachrichten, die im Rahmen einer Straftat kommuniziert werden, zu entschlüsseln.

So weit, so gut – jeder ordentliche Staatsbürger befürwortet die Überwachung und Verfolgung von Straftätern. Aber mit diesem Schlüssel ließen sich auch sämtliche Nachrichten von Unternehmen und Privatpersonen dechiffrieren. Das käme einer totalen Überwachungsmöglichkeit durch den Staat nahe. Eine besonders dubiose Rolle bei der Frage der Verschlüsselung spielt die amerikanische Spionagebehörde NSA. Einerseits gibt sie sich den amerikanischen Unternehmen gegenüber als versierter Sicherheitsberater aus, auf der anderen Seite will die NSA über den Schlüssel Zugriff zur Unternehmenskommunikation und zu anderen im Unternehmen verschlüsselt gespeicherten Daten erhalten. Dem Entwickler des Verschlüsselungsprogrammes PGP, Philip Zimmermann, wurde beispielsweise durch die NSA das Leben so schwer gemacht, daß diese Repressalien nahezu existenzbedrohend waren. Die Diskussion um diesen staatlichen Nachschlüssel wird in den USA nach wie vor sehr kontrovers geführt. Fakt ist, daß heute in den USA als sehr sicher geltende Verschlüsselungsprogramme nicht verwendet werden dürfen – darunter auch bestimmte Versionen von PGP –, da sie schlichtweg zu schwer zu knacken sind.

Wie in den USA versucht jetzt auch in der Bundesrepublik Innenminister Kanther einen Nachschlüssel für die Verschlüsselungsprogramme der Industrie zu erhalten. Allerdings sind diese Wünsche beim Bundesbeauftragten für den Datenschutz und in Unternehmerkreisen auf heftigen Widerstand gestoßen. In Unternehmerkreisen ist klar erkannt worden, daß die Verschlüsselung von Daten ein sehr wirksames Instrument im Kampf gegen die Wirtschaftsspionage ist. Es sieht derzeit nicht so aus, als ob sich die Unternehmer dieses Instrument zum Schutze ihrer Unternehmenssphäre von Herrn Kanther aus der Hand nehmen lassen wollen.

„Normale" Wirtschaftsspione verfügen in der Regel nicht über das Entschlüsselungspotential der Geheimdienste. Damit würde auch der Material- und Zeitaufwand aller Wahrscheinlichkeit nach nicht mehr in Relation zum Informationsgewinn für den Angreifer stehen. Die Verschlüsselung von geheimen Daten bringt, wenn sie mit der nötigen Sorgfalt durchgeführt wird, unter den oben genannten Einschränkungen einen wirksamen Schutz gegen Spionageangriffe. Ex-Verfassungsschützer Karkowsky meint, daß die elektronische Aufklärung nur durch Verschlüsselungssysteme zu verhindern sei.[83] Die Verschlüsselung bringe jedoch nichts, wenn ein Zettel mit dem Paßwort offen auf dem Schreibtisch liegt.

15.2 Hardwareverschlüsselung

Unter Hardwareverschlüsselung versteht man eine interne Verschlüsselung von Daten und Dateien der Komponenten der EDV-Anlage durch spezielle Verschlüsselungsgeräte. Dabei werden die Daten oder Dateien auf den Fest-/Wechselplatten

[83] Unternehmen müssen..., Computer-Zeitung, 5.9.1996, S. 6

oder Disketten verschlüsselt und mit einer verschlüsselten Nutzerkennung versehen. Bei der Übertragung in einem Netzwerk werden die Daten und Dateien verschlüsselt übermittelt.

Der große Vorteil einer Hardwareverschlüsselung liegt darin, daß Daten und Dateien für den Anwender ohne zusätzlichen Aufwand automatisch verschlüsselt werden. Der „menschliche Faktor“ wird dabei reduziert. Beim Einsatz von Verschlüsselungsgeräten, die eine Online-Ver- und Entschlüsselung während der Übertragung ermöglichen sollen, spielt jedoch die dafür benötigte Rechenzeit eine erhebliche Rolle. Das ist der Knackpunkt, denn bisher kann die Leistungsfähigkeit von Rechnern durch die Vorschaltung von Hardware-Kryptokomponenten erheblich in die Knie gehen. Die BSI hat eine Reihe von Verschlüsselungsgeräten geprüft, die in erster Linie für die Verschlüsselung von Sprache und für den Faxbetrieb eingesetzt werden. Für den PC und den Laptop/Notebook gibt es für die lokale Daten- und Dateienverschlüsselung PC-Steckkarten mit Benutzerkennung und Benutzeridentifizierung, deren Verarbeitungsgeschwindigkeit jedoch zu prüfen ist. Details zu diesen Komponenten können bei der BSI erfragt werden.

15.3 Softwareverschlüsselung

Softwareverschlüsselungen sind in der Regel Anwendungen, die vom Benutzer selbst aktiviert werden können und müssen. Verschlüsselungsfunktionen werden durch Programme in den Prozessoren der Rechner umgesetzt.

Der Vorteil der Softwareverschlüsselungsprogramme liegt darin, daß der Anwender die Möglichkeit hat, ohne spezielle Hardwarezusätze direkt an seinem Rechner Daten oder Dateien zu verschlüsseln. Die Schutzmaßnahme durch Softwareverschlüsselung läuft jedoch im Gegensatz zur Hardwareverschlüsselung nicht automatisch ab. Softwareverschlüsselung ist daher direkt von menschlichen Faktoren wie Irrtum, Nachlässigkeit und Bequemlichkeit abhängig.

16 Wie begrenzt man den Schaden?

Wenn ein Fall von Wirtschaftsspionage vermutet wird, so ist in der Regel zunächst nur ein kleiner Kreis von Führungskräften darum bemüht, den bereits eingetretenen Schaden und das noch in Aussicht stehende Schadenspotential bei Bekanntwerden des Falles in der Öffentlichkeit zu bewerten und zu begrenzen. Je nach Sachlage muß meist unter Zeitdruck entschieden werden, wie man weiter vorgeht und wer gegebenenfalls die Ermittlungen durchführen soll. Es ist sehr hilfreich, wenn von der Unternehmensleitung noch vor Eintritt des Ernstfalles ein klares Konzept zur Schadensbegrenzung hinsichtlich des Images und des tatsächlichen Schadens ausgearbeitet worden ist.

Wenn entsprechende Revisionsexperten im Unternehmen vorhanden sind, so kann es ratsam sein, daß die Angelegenheit im Hause gehalten wird. Der Imageschaden bei Bekanntwerden des Falles könnte weit größer sein als der tatsächliche Schaden.

Zu Bedenken ist jedoch, daß in nahezu allen Fällen von Wirtschaftsspionage auf dem Datenhighway die Frage der Beweissicherung und Auswertung ausgesprochen schwierig ist. Der Grund liegt darin, daß elektronische Ausspähangriffe kaum Spuren hinterlassen. Entsprechend schwierig ist die Beweisführung. Nur mit Spezialkenntnissen und Spezialausrüstung können zum Beispiel gelöschte Daten auf Speichermedien wieder auswertbar gemacht werden.

Wenn man zu der Entscheidung gelangt ist, daß bei der Tragweite des Deliktes die internen Ressourcen für eine Aufklärung nicht ausreichen, so können externe Spezialisten hinzugezogen werden. Diese Spezialisten arbeiten in der Regel für private Ermittlungsfirmen. Rekrutiert werden die Spezialisten nicht selten aus den Reihen von ehemaligen Mitarbeitern des Verfassungsschutzes oder anderer staatlicher Ermittlungsinstitutionen. Vorteil bei diesen Fachleuten ist die kriminalistische Kompetenz. In Hinsicht auf die komplexen Zusammenhänge des Informationssystems im Unternehmen müssen diese Experten jedoch durch interne Fachleute unterstützt werden.

Private Ermittlungsfirmen in der Bundesrepublik sind organisiert im:

Verbund privater Ermittlungs- und Sicherheitsdienste e.V.
Geschäftsstelle
Tübinger Straße 98
D-71732 Tamm/Stuttgart
Telefon: (0741) 20 69 60
Fax: (0741) 20 69 61

Unter dieser Adresse kann man sich entsprechende Unternehmen nennen lassen. Der nächste Schritt ist dann die Frage nach Referenzen bei den in die engere Auswahl gelangten Firmen.

Eine weitere Möglichkeit im Bereich der privaten Ermittlungsmöglichkeiten ist das Einschalten einer Wirtschaftsprüfungsfirma, die über Experten für Wirtschaftsspionage verfügt. So gibt es Wirtschaftsprüfungsfirmen, die sich auf sicherheitsrelevante Aspekte im Umfeld bestimmter, häufig eingesetzter Informationssysteme, wie zum Beispiel SAP/R3 spezialisiert haben.

Wenn auch ausländische Beteiligungsgesellschaften oder Wettbewerber in das Delikt verwickelt sind, kann eine dort ansässige Firma in die Ermittlungen einbezogen werden. Über eine Suchmaschine, zum Beispiel „Yahoo“, findet man im Internet unter dem Stichwort „Corporate Investigative Services“ derzeit eine Auflistung von Ermittlungsfirmen in folgenden Ländern:

- USA
- Australien
- Belgien
- Frankreich
- Israel
- Italien
- Südafrika
- Spanien
- Schweiz
- Großbritannien
- Holland
- Dänemark
- Schweden

Wenn absehbar ist, daß das Delikt nicht in einem kleinen Kreis eingeweihter Führungskräfte gehalten werden kann, und wenn klar ist, daß die kriminellen Handlungen der Täter so schwerwiegend sind, daß eine Notwendigkeit zur Anzeige besteht, dann ist der sinnvolle erste Kontaktpunkt das für den Tatort zuständige Landeskriminalamt.

Jedes Landeskriminalamt hat eine Abteilung für Wirtschaftskriminalität. Die Abteilung Wirtschaftsspionage arbeitet in der Regel eng mit der Abteilung Computerkriminalität zusammen, da mittlerweile der Computer das wichtigste Tatwerkzeug ist. So ist zum Beispiel in München eine der schlagkräftigsten Ermittlungseinheiten durch den heute bereits legendären Ersten Kriminalhauptkommissar Werner Paul aufgebaut worden. Paul hat als einer der Ersten die Einsatzmöglichkeiten von Computern bei der Verfolgung von Straftaten in der Bundesrepublik frühzeitig erkannt und ausgebaut. Aber auch die Bekämpfung von Straftaten durch den Komplizen Computer hat Paul maßgeblich verbessert. Seine Spezialeinheit SG 24 in München verfügt über exzellente technische Ausstattung und hochqualifizierte Mitarbeiter.

Auch in den Landeskriminalämtern anderer Bundesländer stehen qualifizierte Ermittlungsexperten bereit, die mit versierten Methoden und auch mit verdeckten Ermittlungen arbeiten. Die Kontaktadressen lauten:

- **LKA Baden-Württemberg**
  Dezernat 201
  Geschäftsstelle KPVP
  Kriegerstraße 6
  70191 Stuttgart
- **Der Polizeipräsident in Berlin**
  LKA 14
  12096 Berlin
- **Polizei Hamburg**
  Landeskriminalamt 151
  Beim Strohhaus 31
  20097 Hamburg LKA
- **LKA Niedersachsen**
  Dezernat 25
  Schützenstraße 25
  30161 Hannover
- **LKA Rheinland-Pfalz**
  Dezernat 45
  Valenciaplatz 1–7
  55118 Mainz
- **Bayrisches LKA**
  SG 134
  Maillingerstraße 15
  80636 München

- **Polizeipräsidium Bremen**
  Kriminalpolizei 126 – Beratungsstelle
  Am Wall 196a
  26195 Bremen
- **Hessisches LKA**
  Zentralstelle für Vorbeugung und Beratung
  Hölderlinstraße 5
  Wiesbaden
- **LKA Nordrhein-Westfalen**
  Dezernat 34
  Völklinger Straße 49
  40221 Düsseldorf
- **LKA Saarland**
  Dezernat 25
  Graf-Johann-Straße 25-29
  66121 Saarbrücken
- **LKA Schleswig-Holstein**
  SG 503 a
  Mühlenweg 166 / Haus 12
  24116 Kiel
- **LKA Mecklenburg-Vorpommern**
  Dezernat 100
  Retgendorfer Straße 2
  19067 Rampe
- **LKA Sachsen-Anhalt**
  Dezernat 64
  Lübecker Straße 63
  39028 Magdeburg
- **LKA Brandenburg**
  Dezernat 31.3
  Prenzlauer Straße 66-70
  16352 Basdorf
- **LKA Sachsen**
  Abteilung 2, Dezernat 201
  Neuländer Straße 60
  01129 Dresden

- **LKA Thüringen**
  Dezernat 15.1
  Am Schwemmbach 8
  99099 Erfurt

Bei Delikten, die die hoheitlichen Interessen der Bundesrepublik betreffen, ist das Bundesamt für Verfassungsschutz zuständig. Wenn zum Beispiel Konstruktionszeichnungen für den Bau von Raketenmotoren für den Irak ausgespäht wurden, so ist das ein Fall für die Verfassungsschützer. Die Kontaktadresse in Bonn lautet:

Bundesamt für Verfassungsschutz, Köln
Merianstraße 100
D-50765 Köln
Telefon: (0221) 792/0

Die Landesämter für Verfassungsschutz sehen neue Aufgaben in der Bekämpfung von Wirtschaftsspionage in der Bundesrepublik, in erster Linie jedoch im Hinblick auf Ausspähversuche vom Ausland.

Das Bundesministerium für Wirtschaft sieht sich ebenfalls gefordert, die strategischen Informationsvorteile der deutschen Wirtschaft vor den Spionageangriffen anderer Staaten zu wahren. Ansprechpartner im Wirtschaftsministerium sind Experten im Referat ZB6, die auch die Informationen für geheimschutzbetreute Unternehmen erstellt und zu Belehrungszwecken in den freien Umlauf gebracht haben. Nachfolgend die Adresse:

Bundesministerium für Wirtschaft
Villemombler Straße 76
D-53123 Bonn
Referat ZB6
Telefon: (0228) 615 37 97

Das Bundesamt für Sicherheit im Informationswesen in Bonn betreut in erster Linie staatliche Institutionen bei der Handhabung von Verschlußsachen. Aber auch Anfragen von Unternehmen werden beratend bearbeitet. Die Kontaktadresse lautet:

Bundesamt für Sicherheit in der Informationstechnik
Referat V2
Postfach 200363
D-53133 Bonn

TEIL 3
Verschlüsselung durch PGP

17 Verschlüsselung durch PGP

Ich halte Softwareverschlüsselungsprogramme wie PGP im Vergleich zu den aufwendigen und teilweise zu langsamen hardwaregestützten Online-Verschlüsselungsgeräten derzeit für durchaus nützlich. PGP ist preiswert, einfach zu erlernen und ausreichend sicher, vorausgesetzt allerdings, PGP wird sorgfältig und professionell eingesetzt. Auch nach Meinung von Herrn Lackmann-Gubela, Sicherheitsexperte der zur Mühlenschen Sicherheitsberatungsgesellschaft aus Bonn, kann PGP ein sicheres Instrument zum Schutz von Daten sein.[84] Bisher sei jedenfalls noch kein Fall bekanntgeworden, bei dem mit PGP verschlüsselte Daten bei sorgfältiger Handhabung unbefugt entschlüsselt worden seien. Ein Indiz für die Schutzfähigkeit von PGP mag auch die Vehemenz sein, mit der die Regierungen in den USA und in der Bundesrepublik die Verbreitung und die Verwendung dieses Programmes unterbinden wollen.

Mit PGP ist das sogenannte Einschlüsselverfahren (konventionell) oder das Zweischlüsselverfahren (asymmetrisch) möglich. Beim Einschlüsselverfahren wird sowohl für die Verschlüsselung als auch für die Entschlüsselung derselbe Schlüssel verwendet. Das Einschlüsselverfahren ist beim Verschlüsselungs- und Entschlüsselungsvorgang wesentlich schneller als das Zweischlüsselverfahren. Der Geschwindigkeitsunterschied beträgt in etwa Faktor 100. Der Geschwindigkeitsunterschied ist heute bei Einsatz eines schnellen Rechners jedoch kaum noch bemerkbar. Das Einschlüsselverfahren ist gut geeignet, wenn Dateien verschlüsselt werden sollen, die nur von einem Anwender auf einem Rechner verwendet werden. Mit diesem Verfahren lassen sich beispielsweise sensible Informationen auf dem PC oder Notebook schützen, die nicht an andere Empfänger gesendet werden sollen.

Das Zweischlüsselverfahren basiert auf einem geheimen und einem öffentlichen Schlüssel, den jeder Anwender zu Beginn des Einsatzes von PGP generiert. Der geheime Schlüssel verbleibt beim Anwender, der öffentliche Schlüssel wird an den zukünftigen Empfänger von Daten gegeben. Der Empfänger kann Daten, die mit seinem öffentlichen Schlüssel versehen sind, in Kombination mit seinem Paßwort und seinem geheimen Schlüssel entschlüsseln.

Das klingt kompliziert, in der täglichen Praxis ist PGP jedoch einfach zu handhaben. Ich arbeite täglich mit PGP und weiß aus Erfahrung, daß sich die Arbeitsschritte beim Verschlüsseln und Entschlüsseln von Daten auf wenige Befehle beschränken. Es gibt für PGP brauchbare Windows-Oberflächen, wie beispielsweise

---

[84] Martin Lackmann-Gubela, 10. VZM Sicherheitskonferenz 1997

PowerPGP, die das Arbeiten vereinfachen. Mittlerweile kann PGP auch in E-Mail-Programme so eingebunden werden, daß das Verschlüsseln und Entschlüsseln von Daten automatisch erfolgt.

Mit der nachstehenden Einführung ist es meines Erachtens auch für Entscheidungsträger mit PC-Grundkenntnissen möglich, PGP zu installieren und einen raschen Einstieg in PGP zu finden. Für Experten empfehle ich das Studium der „PGP-Bibel" von S. Garfinkel, 1996 erschienen in deutsch bei O´Reilly. In diesem Buch sind nicht nur die für den PC-Einsteiger relevanten DOS-Aspekte von PGP enthalten, sondern auch UNIX-Anwendungen von PGP für den Profi.

PGP kann man über das Internet kostenlos herunterladen. Das ist vom Erfinder von PGP, Philip Zimmermann, so gewollt. Nur wenigen Nutzern von PGP ist bekannt, daß Teile von PGP patentrechtlich (auch in Deutschland) geschützt sind. Millionen von privaten Nutzern verwenden PGP, ohne etwas dafür gezahlt zu haben. Im Unternehmensbereich ist es jedoch ratsam, eine Lizenzversion für PGP von der Vertriebsfirma ViaCrypt zu kaufen.

PGP ist in einigen Ländern der Welt komplett verboten. Dazu zählt zum Beispiel die Russische Föderation. In anderen Ländern ist PGP nur in einer stark geschwächten Version erlaubt, wie zu Beispiel in den USA. Daher sollte der Anwender prüfen, ob PGP im Land seines geplanten Kommunikationspartners erlaubt ist, bevor dem Partner durch Zusendung von verschlüsselten Dateien Probleme entstehen können.

Bei der Übersetzung von PGP aus dem Amerikanischen ins Deutsche sind leider zahlreiche Ausdrücke unklar definiert worden. Das macht das Arbeiten mit den deutschen PGP-Masken ein wenig mühsam. Ich habe mich bemüht, unklare Begriffe mit Erläuterungen ein wenig schärfer zu definieren, um Klarheit zu schaffen.

18 Wie kommen Sie an die Programme?

Der beste und schnellste Weg, an PGP zu kommen, führt über das Internet. Wenn Sie selbst noch keine Internet-Anbindung über T-Online, Microsoft Network oder einen Provider haben, so können Sie einen Freund oder Kollegen, der Zugriff auf das WWW (World Wide Web) hat, um Hilfe bitten. Als Vorbereitung sollten Sie mit dem MS-DOS-Befehl in der MS-DOS-Eingabeaufforderung ein Zielverzeichnis erstellen, zum Beispiel: **md c:\pgp**

18.1 PGP

Wenn Sie an einem PC sitzen, der einen Internet-Zugang hat, dann wählen Sie sich mit der jeweiligen Einlog-Routine in das Internet ein. In dem nachstehenden Beispiel habe ich mit dem Browser von Netscape, dem Netscape Navigator, gearbeitet. Natürlich können Sie auch eine andere Browsersoftware verwenden. Gehen Sie in das Fenster Directory, und wählen Sie unter Net-Search eine der Stichwortsuchmaschinen aus. Ich habe hier die Suchmaschine „Yahoo“ verwendet – Sie können aber auch eine andere Suchmaschine, wie z.B. Lycos oder AltaVista, verwenden. Bedenken Sie bitte, daß das Internet ständigen Veränderungen unterworfen ist. Ebenso wird es auch immer wieder neue Versionen von PGP geben. Ich beziehe mich bei diesem Beispiel auf PGP 2.6.3i. Entscheiden Sie bitte selbst, welche Version Sie in der Praxis einsetzen möchten. Nach Eingabe des Suchbegriffes PGP erscheint folgende Anzeige auf Ihrem Bildschirm:

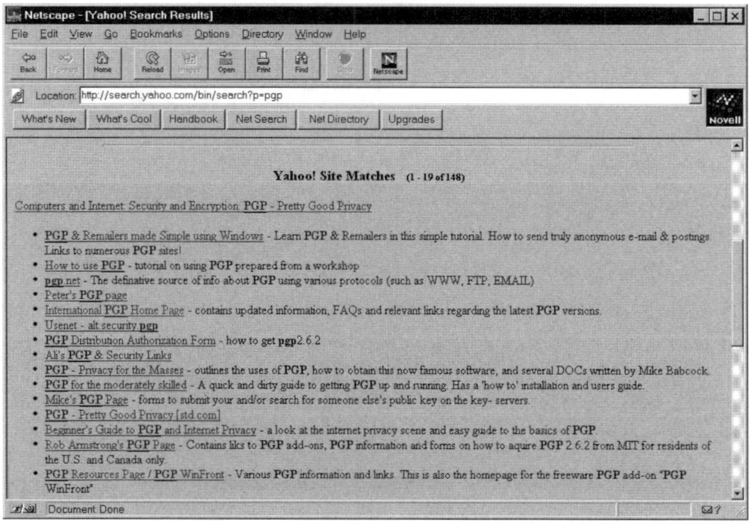

Abb. 8: Suchergebnisse der Suchmaschine Yahoo

Wählen Sie nun den Querverweis **The International PGP Home Page** an.

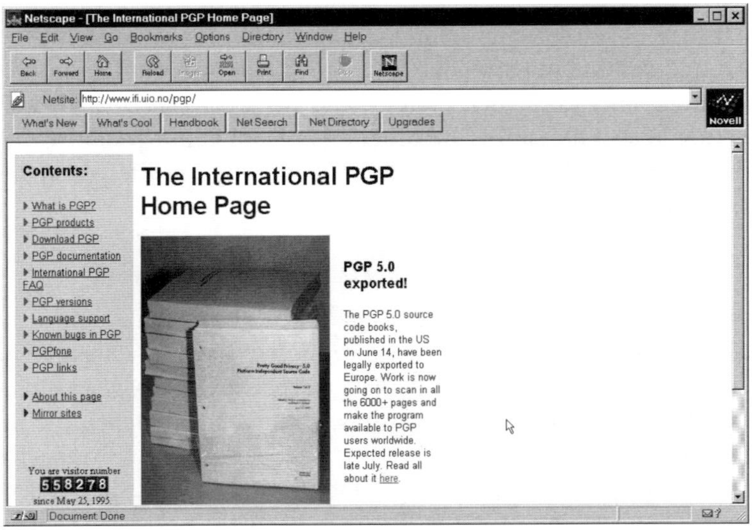

Abb. 9: Die internationale Homepage von PGP

Neben allgemeinen Informationen über PGP finden Sie hier die Rubrik **PGP Products**. Klicken Sie bitte diesen Querverweis an.

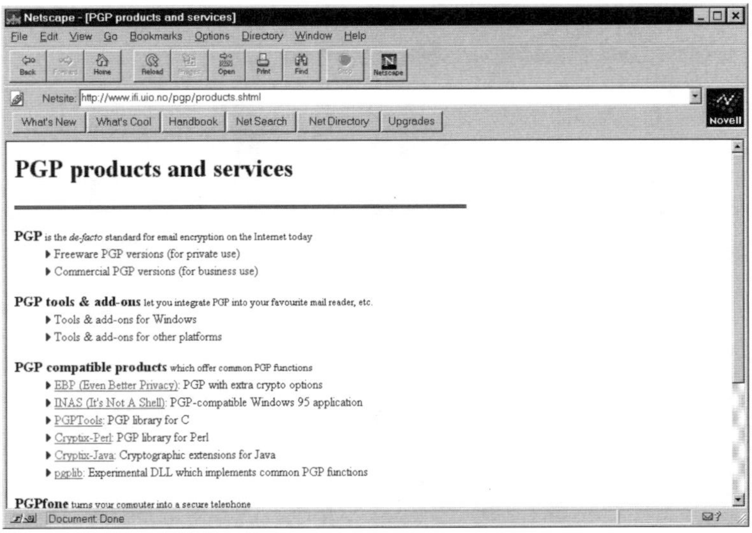

Abb. 10: PGP-Produkte und -Dienstleistungen

Wählen Sie für den persönlichen Gebrauch außerhalb der USA unter der Rubrik PGP den Querverweis **Freeware PGP Versions**.

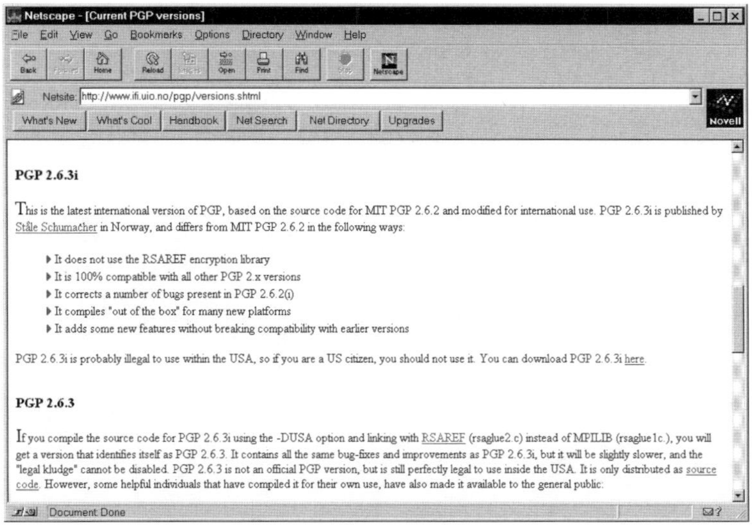

Abb. 11: PGP Version 2.6.3i

Wählen Sie die Version PGP 2.6.3 i aus, die derzeit über den neuesten Stand der Technik der internationalen PGP-Version verfügt. Blättern Sie auf der Seite nach unten, bis Sie den Querverweis **You can download PGP 2.6.3.i here** sehen.

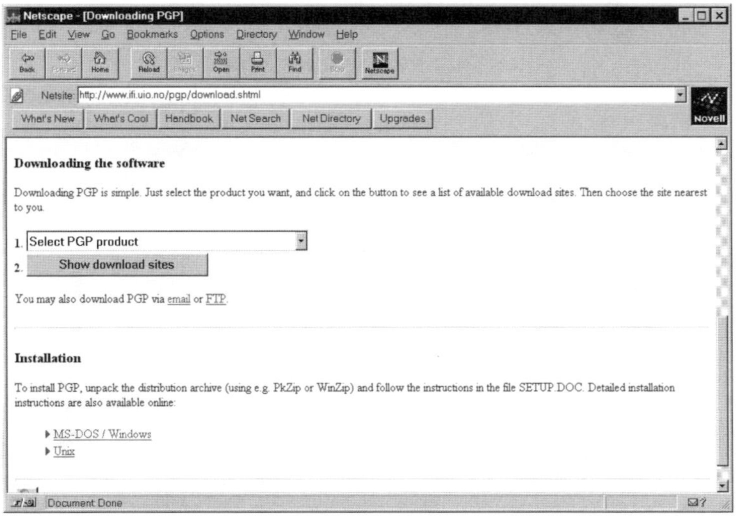

Abb. 12: Herunterladen von PGP

Öffnen Sie unter **1. Select PGP product** das Pulldown-Menü (Pfeil nach unten) und wählen Sie dann **PGP 2.6.3i for MS-DOS** aus. Folgendes Bild erscheint:

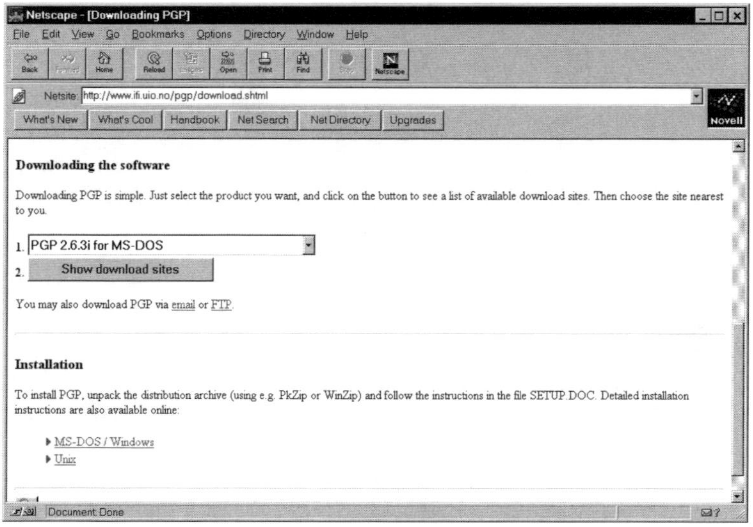

Abb. 13: Auswahl PGP 2.6.3i für MS-OS

Klicken Sie nun auf **2. Show download sites**. Es erscheint:

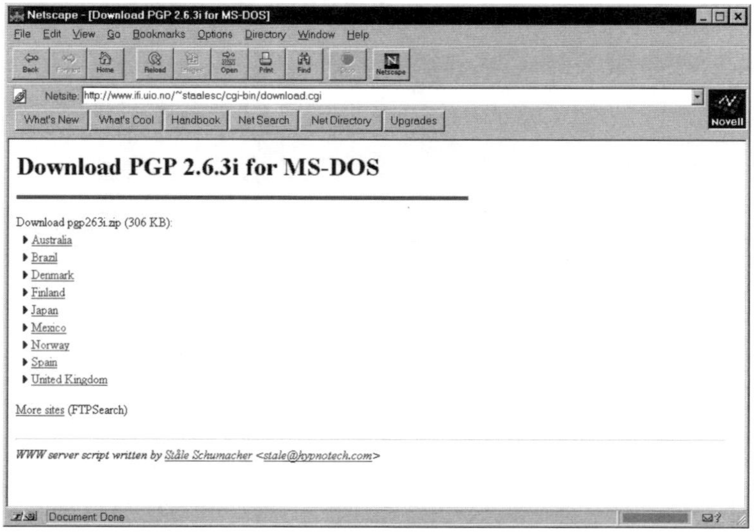

Abb. 14: Auswahl der Datenquelle zum Übertragen von PGP

Wählen Sie auf dieser Seite den Menüpunkt **More sites (FTP-Search)** aus. Sie erhalten nun eine Auflistung verschiedener Server, darunter auch deutsche.

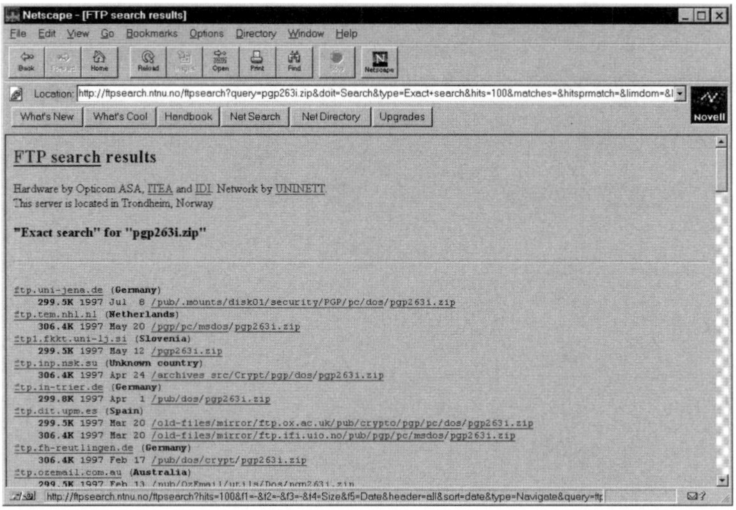

Abb. 15: FTP Suchergebnisse nach der Datenquelle

Wählen Sie einen Server als Datenquelle aus. Ich habe das Programm PGP 2.6.3i beispielsweise vom Server der Fachhochschule Reutlingen auf einen unserer PCs kopiert. Klicken Sie auf **pgp263i.zip**.

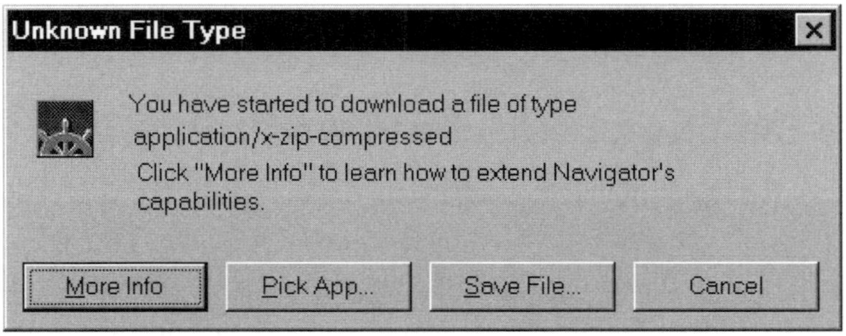

Abb. 16: Übertragungsbefehl für PGP

Sie werden nun gefragt, ob Sie das Programm auf Ihren PC übertragen wollen. Klicken Sie das Befehlsfeld **Save File...** an und geben Sie das Verzeichnis **c:\pgp** an, um PGP zu kopieren. Die Version PGP 2.6.3i wird nun von der gewünschten Quelle auf Ihren PC übertragen.

Wenn Sie Lizenzversionen von PGP für die Anwendung im Unternehmen installieren wollen, so können Sie auf der Seite PGP Products and Services (vgl. Abb. 10) den Querverweis **Commercial PGP Versions** anklicken.

Auf dem Bildschirm erscheint dann:

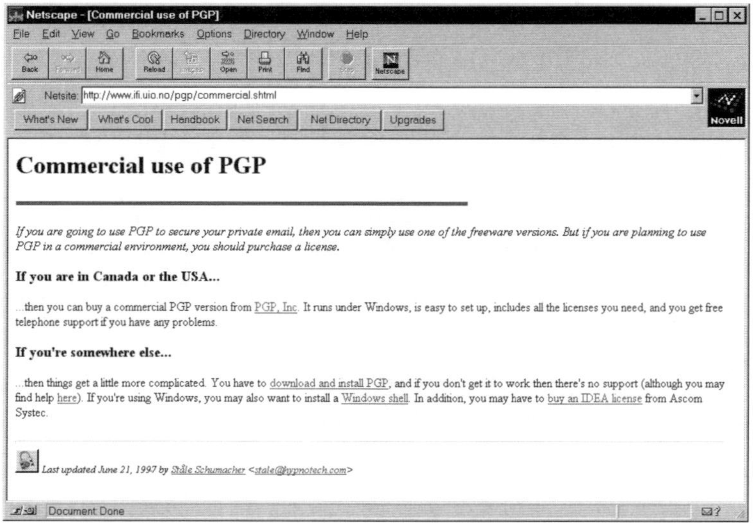

Abb. 17: Lizenzversionen für die Anwendung im Unternehmen

Klicken Sie nun den Querverweis **PGP INC** an, um einen Nachweis über die Bezugsmöglichkeiten der Lizenzversionen von PGP zu erhalten, und verfahren Sie beim Übertragen analog zu PGP 2.6.3i.

18.2 Windows-Benutzeroberfläche PowerPGP

Es gibt eine Reihe von Windows-Benutzeroberflächen, die das Handling von PGP wesentlich vereinfachen.

Der Querverweis zu diesen Tools ist auf der Seite **PGP Products and Services** (vgl. Abb. 10) zu finden. Klicken Sie den Querverweis **Tools & add-ons for windows** an. Auf dem Bildschirm erscheint:

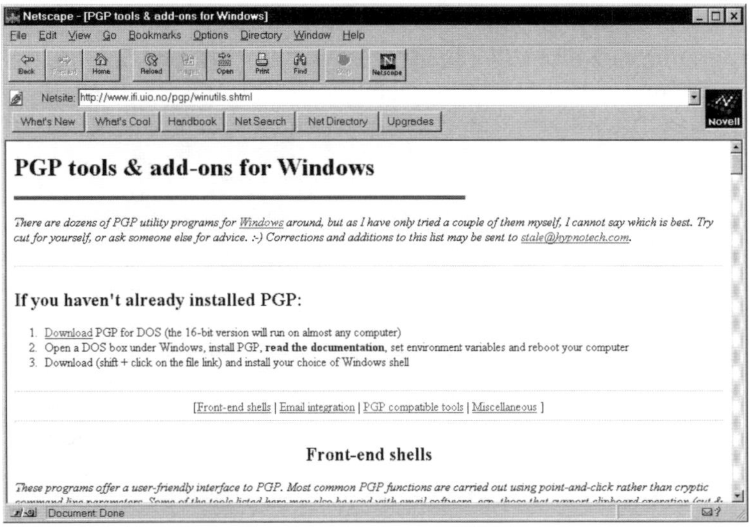

Abb. 18: PGP-Tools und -Zubehör

Suchen Sie den Bereich PowerPGP, indem Sie sich mit Hilfe der Pfeiltasten oder dem Mauscursor auf der Seite nach unten bewegen. Auf dem Bildschirm erscheint:

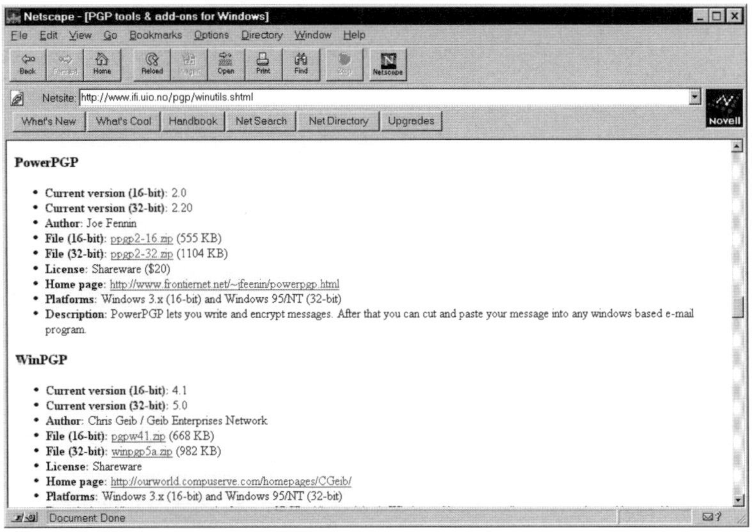

Abb. 19: Bildschirmausschnitt PowerPGP

Wählen Sie PowerPGP für Windows in der 16- oder 32-Bit Version je nach Ihrer Rechnerkonfiguration. Verfahren Sie wie bei der Übertragung von PGP 2.6.3i und geben Sie das Verzeichnis **c:\pgp** an, um PowerPGP zu kopieren. Sie werden gefragt, ob Sie das Programm auf Ihren PC übertragen wollen. Klicken Sie das Befehlsfeld **Save File...** an, und geben Sie an, in welches Verzeichnis Sie PowerPGP kopieren wollen. PowerPGP wird nun von der gewünschten Quelle auf Ihren PC übertragen.

19 Wie installiert man die Programme?

Nachstehend wird beschrieben, wie das Verschlüsselungsprogramm PGP und die Windows-Oberfläche PowerPGP auf einem PC installiert werden.

19.1 Installation des Verschlüsselungsprogrammes PGP

Nachdem Sie PGP auf Ihren PC kopiert haben, müssen die Programmdateien dekomprimiert werden. Das Programm zum Dekomprimieren heißt PkUnzip und befindet sich in der Regel bereits auf Ihrem PC. Wenn nicht, so kann PkUnzip über den Netscape Navigator im Internet gefunden und auf Ihren PC übertragen werden. Analog zur Suchroutine für das PGP-Programm sollten Sie mit einer Suchmaschine den Begriff PkZip oder PkUnzip suchen und kopieren. Das Programm PkUnzip sollte in dasselbe Verzeichnis kopiert werden, in dem sich das komprimierte PGP-Programm befindet.

Die Dekompression der Dateien erfolgt mit dem MS-DOS-Befehl:
PKUNZIP.EXE PGP263I.ZIP

Auf dem Bildschirm erscheint:

```
C:\PGP>PKUNZIP.EXE PGP263I.ZIP
PKUNZIP (R)   FAST!   Extract Utility   Version 2.04g  02-01-93
Copr. 1989-1993 PKWARE Inc. All Rights Reserved. Shareware Version
PKUNZIP Reg. U.S. Pat. and Tm. Off.
¨ 80486 CPU detected.
¨ XMS version 2.00 detected.
¨ DPMI version 0.90 detected.
Searching ZIP: PGP263I.ZIP
  Inflating: README.1ST
  Inflating: README.USA
  Inflating: SETUP.DOC
  Inflating: PGP263II.ZIP
  Inflating: PGP263II.ASC
```

Der Dekompressionsvorgang muß nun für die Datei PGP263II.ZIP weitergeführt werden. Geben Sie ein: **PKUNZIP.EXE PGP263II.ZIP**

In Ihrem PGP-Verzeichnis müssen sich nun folgende Dateien befinden:

```
Datenträger in Laufwerk C hat keine Datenträgerbezeichnung
Datenträgernummer: 1878-18D7
Verzeichnis von C:\PGP
.         <DIR>     12.05.97  12:18
..        <DIR>     12.05.97  12:18
PKUNZIP  EXE       29378       26.03.96     12:27
PGP263I  ZIP       313832      12.05.97     9:32
README   1ST       20901       24.04.96     19:34
README   USA       2602        24.04.96     19:34
SETUP    DOC       15355       24.04.96     18:59
PGP263II ZIP       298081      25.04.96     9:01
PGP263II ASC       295         25.04.96     9:02
MD5SUM   EXE       18856       11.01.96     2:50
PGPSORT  EXE       18196 0     4.09.95      20:10
PGP      EXE       237631      25.04.96     20:17
CONFIG   TXT       5155        18.01.96     11:49
DE       HLP       5735        02.01.96     14:58
EN       HLP       4279        02.01.96     14:57
ES       HLP       4659        02.01.96     14:56
FR       HLP       4779        02.01.96     14:58
KEYS     ASC       14499       25.04.96     8:22
LANGUAGE TXT       108033      18.01.96     12:54
PGP      HLP       2072        12.01.96     16:01
PGFORMAT DOC       37671       12.01.96     16:04
KEYSERV  DOC       6933        13.10.95     12:16
CHANGES  DOC       21270       06.08.95     19:10
PGPDOC2  TXT       137143      06.08.95     19:05
PGPDOC1  TXT       85934       06.08.95     19:04
POLITIC  DOC       18215       07.05.94     16:15
APPNOTE  DOC       6368        20.05.94     4:47
BLURB    TXT       692         06.08.95     19:09
MITLICEN TXT       2961        06.08.95     19:06
PRZON26I ASC       5792        04.02.95     16:38
PGP262I  DIF       3341        06.08.95     19:25
PGP263I  DIF       2495        10.01.96     15:17
FAQ      TXT       15244       24.04.96     19:34
   33 Datei(en)  1448397 Byte
                 3948544 Byte frei
```

Um PGP einsatzbereit zu machen, müssen an der AUTOEXEC.BAT mit Hilfe eines Editors oder einer Textverarbeitung folgende Ergänzungen vorgenommen werden:

SET PGPPATH=C:\PGP
SET PATH=C:\PGP;%PATH%
SET TZ=GMT+1DST

Durch den Befehl SET TZ wird die korrekte Zeitzone für Deutschland eingestellt.

Zur Bearbeitung und Ergänzung der AUTOEXEC.BAT verwenden Sie zum Beispiel den vorhandenen MS-DOS Editor. Geben Sie in der MS-DOS-Eingabeaufforderung ein: **edit c:\autoexec.bat**

Der MS-DOS Editor wird gestartet und öffnet dabei die zu editierende Datei AUTOEXEC.BAT. Die derzeitige AUTOEXEC.BAT könnte in etwa so aussehen:

```
@ECHO OFF
PROMPT $P$G
SET TEMP=C:\TEMP
SET TMP=C:\TEMP
SET PATH=C:\WINDOWS;C:\DOS
LH C:\Windows\MSCDEX.EXE /D:MSCD000
LH C:\windows\SMARTDRV.EXE 4096 1024
KEYB GR,,C:\dos\KEYBOARD.SYS
```

Zum Bearbeiten dieser Datei im Editor bewegen Sie sich wie in einem Textverarbeitungsprogramm. Zum Einfügen einer Leerzeile gehen Sie mit Hilfe der Pfeiltasten an das Ende einer Zeile, und betätigen Sie die Eingabetaste. Die bearbeitete Datei mit den eingefügten Zeilen:

```
@ECHO OFF
PROMPT $P$G
SET TEMP=C:\TEMP
SET TMP=C:\TEMP
SET PATH=C:\WINDOWS;C:\DOS
SET PGPPATH=C:\PGP
SET PATH=C:\PGP;%PATH%
SET TZ=GMT+1DST
LH C:\Windows\MSCDEX.EXE /D:MSCD000
LH C:\windows\SMARTDRV.EXE 4096 1024
KEYB GR,,C:\dos\KEYBOARD.SYS
```

Verlassen Sie den Editor, indem Sie auf die Menüzeile **Datei** und in diesem Menü **Beenden** auswählen. Oder die **Alt-Taste** gedrückt halten und gleichzeitig den Buchstaben **D** betätigen. Anschließend betätigen Sie den Buchstaben **B** zum Beenden des Editors.

Beantworten Sie die Frage „Soll die Datei jetzt gespeichert werden“ mit **Ja** bzw. bestätigen Sie mit der Eingabetaste.

Um die Sprache der Befehle und Hilfsfunktionen von der englischen auf die deutsche Sprache umzustellen, muß mit Hilfe eines Editors oder einer Textverarbeitung die CONFIG.TXT verändert werden.

Geben Sie in der MS-DOS-Eingabeaufforderung ein: **edit c:\pgp\config.txt**

Gehen Sie mit den Pfeiltasten zu der Zeile **Language = en** und ändern Sie diese in **Language = de** um.

Zum Verlassen des Editors und Speichern der Änderungen gehen Sie wie bei der Bearbeitung der AUTOEXEC.BAT vor.

Diese Änderungen werden erst nach einem Neustart des PCs wirksam. Starten Sie Ihren Rechner jetzt neu.

```
# Available languages:
#   en = English (default)
#   es = Spanish, fr = French, de = German, it = Italian,
#   sv = Swedish, da = Danish, no = Norwegian, fi = Finnish,
#   nl = Dutch, pl = Polish, ru = Russian, el = Greek,
#   cz = Czech, ro = Romanian, hu = Hungarian, sr = Serbian,
#   br = Brazilian Portuguese, lt = Lithuanian, ja = Japanese
## Language modules may be obtained from:
#   http://www.ifi.uio.no/pgp/modules.shtml
#   ftp://ftp.ifi.uio.no/pub/pgp/lang/
# Languages not yet available:
#   ar = Arabic, iw = Hebrew, tr = Turkish, lv = Latvian, ko = Korean,
#   pt = Portugese, is = Icelandic, zh = Chinese, esp = Esperanto
# Most of these codes are the ISO 639-1988 2-letter "Codes for
# Representation of Names of Languages"
#
Language = en
```

Wenn die Installation korrekt verlaufen ist, so bringt PGP mit dem Befehl **pgp** folgende Meldung:

```
C:\PGP>pgp
Pretty Good Privacy(tm) 2.6.3ia - Public-key-Verschlüsselung für die Massen.
(c) 1990-96 Philip Zimmermann, Phil's Pretty Good Software. 1996-03-04
Internationale Version - nicht in den USA verwenden! Benutzt nicht
RSAREF.
Aktuelles Datum und Uhrzeit: 1997/05/12 13:52 GMT
Informationen über Lizenzen und Verteilung finden sich in der PGP-
Anleitung.
Informationen über Verschlüsselungs-Produkte und Auftrags-Entwicklungen:
Philip Zimmermann, 3021 11th St, Boulder CO 80304 USA, Tel. +1-(303)-
541-0140
Übersetzer:
  Frank Pruefer <F.PRUEFER@LINK-L.cl.sub.de>; Stand: 18.01.1996
  (basierend auf der deutschen Übersetzung der LANGUAGE.TXT von
  Marc Aurel <4-tea-2@bong.saar.de> vom 19.01.1994)
Eine Übersicht der PGP-Befehle erhältst Du mit: pgp -h
```

Escape Routinen bei Problemen

Wenn Sie Probleme haben und online Hilfe brauchen, so stehen Ihnen dafür drei Kommandos zur Verfügung:

cls	entfernt den gegenwärtigen Inhalt des Bildschirmes
pgp -h	zeigt Ihnen eine Zusammenfassung aller PGP-Kommandos
pgp -k	zeigt Ihnen eine Zusammenfassung aller Kommandos, die sich auf die Chiffrierschlüssel beziehen

Der Strich, wie in dem Kommando **pgp -h** verwendet, entspricht dem Minuszeichen auf der Tastatur. Achten Sie darauf, nach **pgp** ein Leerzeichen zu setzen.

Die Freeware Version von PGP ist nun einsatzbereit.

Installation der Lizenzversion von ViaCrypt auf dem PC

Bei dem Erwerb der Lizenzversion werden die PGP-Programme von ViaCrypt auf 5¼ oder 3½ Zoll-Disketten geliefert.

Legen Sie die Diskette mit dem PGP-Programm in das Diskettenlaufwerk A: ein.

Eingabe: **A: (und Eingabetaste drücken)**

Damit spricht Ihr PC das Laufwerk A: an.

Eingabe: **Install (und Eingabetaste drücken)**

Daraufhin wird die folgende Meldung auf Ihrem Bildschirm erscheinen:

```
Via Crypt PGP for MS-Dos
Installing ViaCrypt PGP for MS-DOS from A: to C:\VPGP
=====================================================
Thank you for purchasing Via Crypt PGP for MS-DOS
Via Crypt PGP will be installed in the directory shown above

If the directory does not currently exist, it will be created. If you wish to install
ViaCrypt PGP into a different directory, enter it in the space above.
Press return to continue
1993.1994 by ViaCrypt, a division of LemCom Systems Inc.
```

ViaCrypt legt standardmäßig ein Verzeichnis namens VPGP auf der Festplatte Ihres PC an und kopiert das PGP-Programm in dieses Verzeichnis. Sie können den Namen des Verzeichnisses C:\VPGP aber auch jederzeit in einen Namen Ihre Wahl ändern.

Drücken Sie bitte die Eingabetaste.

Wenn das Verzeichnis vorher noch nicht vorhanden war, wird PGP dieses nun automatisch anlegen. Sollte schon ein Verzeichnis vorhanden sein, wird Sie das Programm um Bestätigung der Ausführung fragen. Sollte ein bereits auf der Festplatte befindliches Programm mit einer älteren Version von ViaCrypt vorhanden sein, so wird das Programm dieser älteren Version automatisch ein Update erhalten.

Nach der erfolgreichen Übertragung der Dateien von der Diskette auf die Festplatte erscheint folgende Meldung:

```
Via Crypt PGP for MS-Dos
Installing ViaCrypt PGP for MS-DOS from A: to C:\VPGP
=====================================================
Your AUTOEXEC.BAT is about to be updated to add ViaCrypt PGP to
your search path. Yoer existing AUTOEXEC.BAT file will be saved as
AUTOEXEC.OLD
=====================================================
```

```
Update your AUTOEXEC.BAT?
Yes/No
1993.1994 by ViaCrypt, a division of LemCom Systems Inc.
```

Wenn Sie PGP das erste Mal verwenden, geben Sie „Yes“ ein, Wenn Sie ein Update von ViaCrypt PGP durchführen, so geben Sie „No“ ein.

Als nächster Schritt wird Sie das Programm fragen, ob Sie den Rechner neu starten wollen:

```
Via Crypt PGP for MS-Dos
Installing ViaCrypt PGP for MS-DOS from A: to C:\VPGP
=====================================================
Your machine will now re-boot so that the updates to your AUTOEXEC.BAT
will take effect
=====================================================
Reboot your Computer System?
Yes/No
=====================================================
1993.1994 by ViaCrypt, a division of LemCom Systems Inc.
```

Wenn Sie „Yes“ wählen, wird das Programm den Computer neu starten. Bei Wahl von „No“ wird Ihnen das Programm die Frage stellen, ob Sie zum Programmenü wechseln wollen:

```
Via Crypt PGP for MS-Dos
Installing ViaCrypt PGP for MS-DOS from A: to C:\VPGP
=====================================================
Change to application directory?
Yes/No
=====================================================
1993.1994 by ViaCrypt, a division of LemCom Systems Inc.
```

Bei Eingabe von „Yes“ wechselt das Programm zum PGP-Menü. Wenn Sie „No“ gewählt haben, kehrt PGP zum DOS-Prompt zurück. Geben Sie ein: **YES**

Einstellung der Zeitzone

PGP wird weltweit in unterschiedlichen Zeitzonen verwendet. Da PGP bestimmten Daten die Information über die Zeitzonen mitgibt, in der Sie sich mit Ihrem PC befinden, muß die Zeitzone auf Ihrem PC angepaßt werden. Durch das Kommando

SETTZ fügt PGP in der AUTOEXEC.BAT automatisch eine "SET TZ= Zeile" ein. PGP erstellt bei dieser Aktion zudem eine Kopie Ihrer aktuellen AUTOEXEC.BAT mit dem Namen AUTOEXEC.TZ.

Das Programm von ViaCrypt bietet als Auswahlmöglichkeit lediglich Zeitzonen in den USA an. Wenn Sie die Zeitzone korrekt für Deutschland eingeben wollen, so korrigieren Sie mit dem Texteditor die amerikanische Zeitzone durch die Zeile: **SET TZ=GMT+1DST**

Nach dem Neustarten Ihres Computers ist PGP nunmehr in der Lage, PGP-Dateien mit der korrekten Angabe der Zeitzone zu versehen.

Damit sollte die kommerzielle Version ViaCrypt von PGP bereits erfolgreich auf Ihrem PC installiert sein.

19.2 Windows-Benutzeroberfläche PowerPGP

Das Programm PowerPGP wird fortlaufend überarbeitet. Die derzeit aktuelle Version ist als komprimierte Datei ppgp2-16.zip in einer 16 Bit-Version (oder als ppgp2-32.zip in einer 32 Bit-Version) über das Internet kopiert worden.

Erstellen Sie ein neues Unterverzeichnis **md c:\pgp\winpgp**

Kopieren Sie in dieses Verzeichnis die Datei ppgp2-16.zip und das Programm PKUNZIP zur Dekomprimierung.

Zunächst muß die Datei ppgp2-16.zip dekomprimiert werden. Das Verfahren zur Dekomprimierung ist bei der Installation von PGP beschrieben. Nach der Dekomprimierung sollten folgende Dateien im Verzeichnis **C:\pgp\winpgp** vorhanden sein:

```
C:\PGP\WINPGP>dir

Datenträger in Laufwerk C: hat keine Bezeichnung
 Seriennummer des Datenträgers: 405E-1705
 Verzeichnis von C:\pgp\winpgp

.          <DIR>      25.07.97     20:55 .
..         <DIR>      25.07.97     20:55 ..
PPGP2-32   ZIP        1.130.539    25.07.97    17:53
PKUNZIP    EXE        29.378       01.02.93    2:04
POWERPGP   WRI        1.022.464    26.12.96    21:48
POWERPGP   EXE        315.664      29.12.96    22:39
```

PGPKEY	EXE	333.568	31.12.96	0:02
PGPFILE	EXE	273.088	29.12.96	23:17
_DEFAULT	PIF	995	15.01.97	20:43
LICENSE	TXT	4.070	25.12.96	15:59
INSTALL	TXT	318	26.12.96	0:48
BIVBX11	DLL	81.920	24.08.95	8:02
MAKEICON	EXE	221.184	26.12.96	0:40
PGPKEY	DAT	20	28.07.97	17:57
PPGP2-16	ZIP	569.159	25.07.97	17:58
POWERPGP	INI	123	28.07.97	17:57
PGPKEY	INI	65	28.07.97	17:51
15 Datei(en) 3.982.555 Bytes				
2 Verzeichnis(se) 237.830.144 Bytes frei				

Die Datei BIVBX11.DLL muß in das Verzeichnis C:\WINDOWS\SYSTEM kopiert werden: **copy c:\pgp\winpgp\bivbx11.dll c:\windows\system**

Starten Sie Windows. Wählen Sie aus der Menüzeile **Datei** die Option **Ausführen** und geben Sie ein: **c:\pgp\winpgp\makeicon.exe**

Die Programmgruppe und die Icons für PowerPGP werden angelegt.

PowerPGP macht das Arbeiten mit PGP wesentlich einfacher. Mit PowerPGP werden jedoch nicht alle möglichen Befehle von PGP abgedeckt. Aber die wichtigsten Befehle sind enthalten. In der Praxis beschränkt sich die Arbeit mit PGP im wesentlichen auf das Schlüsselmanagement und das Ver- und Entschlüsseln von Dateien. PowerPGP ermöglicht ein praxisorientiertes, schnelles Arbeiten mit überschaubaren Fenstermenüs. Viele der PowerPGP-Befehle erklären sich von selbst, wenn Sie sich mit der Einführung in PGP beschäftigt haben.

Die Handhabung von PowerPGP sollte erst dann geübt werden, wenn die wichtigsten Befehle von PGP auf der MS-DOS Ebene verstanden worden sind. Ist diese Handhabung klar, dann bietet PowerPGP ein sehr gutes Werkzeug, um in der Praxis schnell und effizient mit PGP zu arbeiten.

20 Das PGP-Einschlüsselverfahren

Mit dem PGP-Einschlüsselverfahren werden in der Regel nur Dateien verschlüsselt, die nur ein Benutzer auf seinem Rechner verwendet.

20.1 Verschlüsseln mit dem PGP-Einschlüsselverfahren

Das Kommando zur Verschlüsselung eines Textes lautet: **pgp -c (Textdatei)**

Das nachstehende Schriftstück in der Datei angebot.doc soll mit dem PGP-Einschlüsselverfahren verschlüsselt werden. Sie können jede beliebige Datei auf Ihrem Rechner zu Übungszwecken verwenden:

> **Staatskomitee für Nahrungsmittelindustrie der Ukraine an Wirtschaftsministerium der Ukraine**
>
> Die Betriebe des Staatskomitees für Nahrungsmittelindustrie der Ukraine unterzeichneten eine Reihe von Vereinbarungen mit deutschen Firmen über den Einkauf der Ausrüstung auf Rechnung der deutschen Kreditlinie (Anlage 1). Außerdem ist eine Absichtserklärung zwischen dem Werk für Erfrischungsgetränke in Odessa und der deutschen Brauerei über den Einkauf der Ausrüstung für die Gesamtsumme von 1,1 Mio. DM unterzeichnet.
>
> Die angegebenen Betriebe sind interessiert, die Kredite zu bekommen, aber es ist zu bemerken, daß die Zinsen für die Kreditnutzung, insbesondere der Versicherungsbeitrag, dafür sehr hoch sind.
>
> Anbei die Liste der Unternehmen der Verarbeitungsindustrie, die an den ausländischen Investitionen interessiert sind (Anlage 2).

Um diesen Text zu verschlüsseln, ist folgendes Kommando notwendig:

pgp -c angebot.doc oder **pgp -c Angebot.doc** oder **pgp -c c:\pgp\angebot.doc**

PGP geht davon aus, daß sich die Datei angebot.doc im PGP-Verzeichnis befindet, wenn dies nicht anders eingegeben wird.

Befände sich die Datei angebot.doc auf einer Diskette, so hätte der Befehl lauten müssen: **pgp -c a:\angebot.doc**

PGP zeigt folgende Meldung auf dem Bildschirm:

```
C:\>pgp -c c:\pgp\angebot.doc
Pretty Good Privacy(tm) 2.6.3i - Public-key-Verschlüsselung für die Massen.
(c) 1990-96 Philip Zimmermann, Phil's Pretty Good Software. 1996-01-18
Internationale Version - nicht in den USA verwenden!  Benutzt nicht
RSAREF.
Aktuelles Datum und Uhrzeit: 1997/04/23 07:11 GMT

Du brauchst ein Mantra=Passwort  zum Verschlüsseln der Datei.

Gib das Mantra=Passwort  ein:
```

Jetzt muß ein Paßwort Ihrer Wahl eingegeben werden. PGP verwendet als Synonym für den Begriff Paßwort den Namen Mantra. Für diesen Test wählen Sie bitte ein einfaches Paßwort. Hier wird z.B. das Wort „dagobert" verwendet. Aber nur für diesen Test. Hinweise zur professionellen Bestimmung Ihres eigenen Paßwortes sehen Sie bitte in Kapitel 13.2.2 nach.

Geben Sie also ein: **dagobert**

PGP fordert Sie nun auf, dieses Paßwort nochmals einzugeben. Es erscheint folgende Eingabeaufforderung auf dem Bildschirm:

```
C:\>pgp -c c:\pgp\angebot.doc
Pretty Good Privacy(tm) 2.6.3i - Public-key-Verschlüsselung für die Massen.
(c) 1990-96 Philip Zimmermann, Phil's Pretty Good Software. 1996-01-18
Internationale Version - nicht in den USA verwenden!  Benutzt nicht
RSAREF.
Aktuelles Datum und Uhrzeit: 1997/04/23 07:11 GMT

Du brauchst ein Mantra=Passwort  zum Verschlüsseln der Datei.
Gib das Mantra=Passwort ein:
Wiederhole das Mantra=Passwort:
Einen Augenblick, bitte....
Verschlüsselte Datei: C:\PGP\ANGEBOT.PGP
```

Geben Sie bitte ein: **dagobert**

Damit stellt PGP sicher, daß Sie sich nicht vertippt haben. Sie haben die Datei angebot.doc erfolgreich verschlüsselt. PGP hat bei der Verschlüsselung das Paßwort

„dagobert“ verwendet und automatisch den Zusatz **.pgp** an den Dateinamen angehängt. Sie finden die verschlüsselte Version der Datei unter angebot.pgp in demselben Verzeichnis wie die Klartextdatei angebot.doc.

Wenn man sich die Datei angebot.pgp mit einer Textverarbeitung ansieht, so kommt folgende Aneinanderreihung von Zahlen, Buchstaben und Symbolen zum Vorschein, die auszugsweise hier wiedergegeben wird.

¦ ˙Ï„Aì7üS„rêAí¶•9¡> C°ÏTãˆÔÂç:
ÓÃs‰ª¢ÜyÊ¤>êö•…µµ•õ!ô»\ß•Ë«Jåÿ0“4ìn[ãÅÇ$ËÇ•¸™ƒ…¼*•øË…>²Œë’„%Eâ
–A••_qŠ ç‘½œ2ç¼ó$¬¬4Múxù½P¶‹Ù•-
U¹^5>}+›ÌîæÚ(B¯†7+••E´^ˆì•uÌµŠ•••›¢·•˜Ø•wdòÜ•æé˜ê{±s¹ú¶
...

20.2 Entschlüsseln mit dem PGP-Einschlüsselverfahren

Der Entschlüsselungsbefehl lautet:

pgp angebot.pgp oder **pgp c:\angebot.pgp** oder **pgp angebot**

PGP findet die zu entschlüsselnde Datei auch ohne den Zusatz pgp. Bitte beachten Sie auch, daß in diesem Befehl das Minuszeichen **(-)** fehlt.

Auf dem Bildschirm erscheint folgende Information:

```
C:\>pgp c:\pgp\angebot.pgp
Pretty Good Privacy(tm) 2.6.3i - Public-key-Verschlüsselung für die Massen.
(c) 1990-96 Philip Zimmermann, Phil's Pretty Good Software. 1996-01-18
Internationale Version - nicht in den USA verwenden! Benutzt nicht
RSAREF.
Aktuelles Datum und Uhrzeit: 1997/04/23 07:30 GMT
Diese Datei ist konventionell verschlüsselt.

Du brauchst ein Mantra (=Passwort)  zum Entschlüsseln dieser Datei.
Gib das Mantra (=Passwort) ein:
```

Geben Sie bitte ein: **dagobert**

Auf dem Bildschirm erscheint:

```
C:\>pgp c:\pgp\angebot.pgp
Pretty Good Privacy(tm) 2.6.3i - Public-key-Verschlüsselung für die Massen.
(c) 1990-96 Philip Zimmermann, Phil's Pretty Good Software. 1996-01-18
Internationale Version - nicht in den USA verwenden!  Benutzt nicht
RSAREF.
Aktuelles Datum und Uhrzeit: 1997/04/23 07:30 GMT

Diese Datei ist konventionell verschlüsselt.
Du brauchst ein Mantra (=Passwort)  zum Entschlüsseln dieser Datei.
Gib das Mantra (=Passwort) ein:
Einen Augenblick, bitte....
Das Mantra (=Passwort) scheint zu stimmen.

Dateiname des Klartextes: c:\pgp\angebot
```

PGP speichert die entschlüsselten Informationen in der Datei angebot und nicht in der Originaldatei angebot.doc. Sollte bereits eine Datei mit dem Namen angebot existieren, so fragt PGP, ob diese Datei überschrieben werden soll.

Auf dem Bildschirm wird die Frage gestellt:

```
C:\>pgp c:\pgp\angebot.pgp
Pretty Good Privacy(tm) 2.6.3i - Public-key-Verschlüsselung für die Massen.
(c) 1990-96 Philip Zimmermann, Phil's Pretty Good Software. 1996-01-18
Internationale Version - nicht in den USA verwenden!  Benutzt nicht
RSAREF.
Aktuelles Datum und Uhrzeit: 1997/04/23 07:43 GMT

Diese Datei ist konventionell(=Einschlüsselverfahren)  verschlüsselt.
Du brauchst ein Mantra (=Passwort) zum Entschlüsseln dieser Datei.
Gib das Mantra (=Passwort) ein:
Einen Augenblick, bitte....
Das Mantra (=Passwort) scheint zu stimmen.

Dateiname des Klartextes: c:\pgp\angebot
Die Ausgabedatei 'c:\pgp\angebot' existiert bereits. Überschreiben?
(J/N)C:\PGP)
ViaCrypt PGP 2.6i
```

Die entschlüsselte Datei läßt sich unter einem anderen beliebigen Dateinamen speichern, wenn die Frage nach dem Überschrieben mit (N) beantwortet wird.

Geben Sie bitte ein: **angebot2.doc**

Mit einer Textverarbeitung läßt sich feststellen, daß die Dateien angebot.doc und angebot2.doc identisch sind.

21 Das PGP-Zweischlüsselverfahren

PGP arbeitet bei diesem Verfahren mit zwei Schlüsseln, dem öffentlichen Schlüssel und dem geheimen Schüssel. Bei Erstellung des öffentlichen Schlüssels wird automatisch der wesentlich komplexere geheime Schlüssel von PGP miterstellt. Der öffentliche und der geheime Schlüssel sind durch einen mathematischen Algorithmus miteinander verbunden.

21.1 Erstellung und Verwaltung von Schlüsseln

Zu Übungszwecken wird nun der Schlüssel für den Mitarbeiter „Carl Peter Emsig“ erstellt. Die Erstellung des Schlüsselpaares beginnt folgendermaßen:

Geben Sie bitte ein: **pgp -kg**

Die folgende Nachricht wird auf dem Bildschirm erscheinen:

```
C:\>pgp -kg
Pretty Good Privacy(tm) 2.6.3i - Public-key-Verschlüsselung für die Massen.
(c) 1990-96 Philip Zimmermann, Phil's Pretty Good Software. 1996-01-18
Internationale Version - nicht in den USA verwenden! Benutzt nicht
RSAREF.
Aktuelles Datum und Uhrzeit: 1997/04/23 08:01 GMT

Wähle die Länge Deines RSA-Schlüssels aus:
  1) 512 Bits: 'einfach kommerziell', schnell, aber nicht ganz so sicher
  2) 768 Bits: 'hochgradig kommerziell', mittelmäßig schnell, recht sicher
  3) 1024 Bits: 'militärisch', langsam, jedoch maximale Sicherheit
Auswahl (1, 2, 3 oder die Länge des Schlüssels in Bits [384 bis 2048]):
```

Die Zeit zur Erstellung des Schlüssels ist von der Geschwindigkeit des Rechners abhängig. Für den Einstieg in PGP ist es daher sinnvoll, zunächst einen 512 Bit Schlüssel anzulegen (Option 1). In der professionellen Anwendung empfiehlt sich jedoch in jedem Falle die Erstellung eines 1024 Bit Schlüsselpaares (Option 3). Geben Sie bitte ein: **1**

Auf dem Bildschirm erscheint folgende Rückmeldung:

```
C:\>pgp -kg
Pretty Good Privacy(tm) 2.6.3i - Public-key-Verschlüsselung für die Massen.
(c) 1990-96 Philip Zimmermann, Phil's Pretty Good Software. 1996-01-18
```

```
Internationale Version - nicht in den USA verwenden!  Benutzt nicht
RSAREF.
Aktuelles Datum und Uhrzeit: 1997/04/23 08:01 GMT

Ich erzeuge einen RSA-Schlüssel mit einem 512-Bit-Modus.
```

Nun fordert PGP Sie zur Vergabe einer Benutzer-ID auf:

```
C:\>pgp -kg
Pretty Good Privacy(tm) 2.6.3i - Public-key-Verschlüsselung für die Massen.
(c) 1990-96 Philip Zimmermann, Phil's Pretty Good Software. 1996-01-18
Internationale Version - nicht in den USA verwenden!  Benutzt nicht
RSAREF.
Aktuelles Datum und Uhrzeit: 1997/04/23 08:01 GMT

Du brauchst eine Benutzer-ID für Deinen öffentlichen Schlüssel. Das übliche
Format für diese Benutzer-ID ist Dein Realname, gefolgt von Deinem User-
namen in <spitzen Klammern>, falls Du per E-Mail erreichbar bist.
Beispiel:  Helmut Kohl <BIRNE@LINK-BN.cl.sub.de>
Gib die Benutzer-ID für Deinen öffentlichen Schlüssel ein:
```

Mit der Eingabe der Benutzer-ID kann das Schlüsselpaar exakt identifiziert werden. Meist ist es sinnvoll, den vollen Namen und die E-Mail Adresse anzugeben, um Verwechslungen vorzubeugen. (Anm. des Verfassers: Die Benutzer-ID von Herrn Dr. Kohl ist durch den Übersetzer Frank Prüfer etwas danebengeraten. Das ändert jedoch nichts an der Qualität von PGP.)

Beispiele für die Benutzer-ID von Carl Peter Emsig sind: **cpe@imc.de** oder **cpe@imc.de 08151/51838** usw.

Für das Anwendungsbeispiel wird ausgewählt, Eingabe: **cpe@imc.de**

Auf dem Bildschirm erfolgt die Meldung:

```
C:\>pgp -kg
Pretty Good Privacy(tm) 2.6.3i - Public-key-Verschlüsselung für die Massen.
(c) 1990-96 Philip Zimmermann, Phil's Pretty Good Software. 1996-01-18
Internationale Version - nicht in den USA verwenden!  Benutzt nicht
RSAREF.
Aktuelles Datum und Uhrzeit: 1997/04/23 08:01 GMT
```

```
Du brauchst ein Mantra, um Deinen privaten RSA-Schlüssel zu schützen.
Dein Mantra kann jeder beliebige Satz oder Zeichenfolge sein und darf aus
vielen Worten, Leerzeichen oder anderen druckbaren Zeichen bestehen.

Gib das Mantra (=Passwort) ein:
```

Wie beim PGP-Einschlüsselverfahren muß jetzt ein Paßwort ausgewählt und eingegeben werden. Bitte merken Sie sich dieses Paßwort gut, denn PGP gibt Ihnen keine Chance, an Ihre Daten zu kommen, wenn Sie das Paßwort vergessen sollten.

Das Paßwort in diesem Beispiel soll lauten: **Maus**

Nun fragt Sie PGP nach der Wiederholung Ihre Paßwortes:

```
C:\>pgp -kg
Pretty Good Privacy(tm) 2.6.3i - Public-key-Verschlüsselung für die Massen.
(c) 1990-96 Philip Zimmermann, Phil's Pretty Good Software. 1996-01-18
Internationale Version - nicht in den USA verwenden! Benutzt nicht
RSAREF.
Aktuelles Datum und Uhrzeit: 1997/04/23 08:01 GMT

Wiederhole das Mantra (=Passwort):
```

Geben Sie bitte ein: **Maus**

Auf dem Bildschirm erscheint:

```
C:\>pgp -kg
Pretty Good Privacy(tm) 2.6.3i - Public-key-Verschlüsselung für die Massen.
(c) 1990-96 Philip Zimmermann, Phil's Pretty Good Software. 1996-01-18
Internationale Version - nicht in den USA verwenden! Benutzt nicht
RSAREF.
Aktuelles Datum und Uhrzeit: 1997/04/23 08:01 GMT

Beachte, daß die Schlüsselerzeugung eine zeitaufwendige Sache ist.
Wir müssen 264 zufällige Bits erzeugen. Dies wird durch Messung der Ab-
stände zwischen Deinen Anschlägen bewerkstelligt. Bitte gib irgendwelchen
beliebigen Text auf der Tastatur ein, bis es piepst:
264
```

Geben Sie nun auf der Tastatur willkürliche Buchstaben oder Zahlen ein, bis ein Piepton ertönt. Die Anzahl der Anschläge auf der Tastatur ist rein zufällig.

Nach dem Piepston beginnt PGP, den RSA-Schlüssel zu erzeugen.

```
C:\>pgp -kg
Pretty Good Privacy(tm) 2.6.3i - Public-key-Verschlüsselung für die Massen.
(c) 1990-96 Philip Zimmermann, Phil's Pretty Good Software. 1996-01-18
Internationale Version - nicht in den USA verwenden!  Benutzt nicht
RSAREF.
Aktuelles Datum und Uhrzeit: 1997/04/23 08:01 GMT

  0 * - danke, das genügt!
..**** .................****

Das Mantra (=Passwort) ist richtig.

Einen Augenblick, bitte....

Der Schlüssel wurde mit Deiner Unterschrift beglaubigt.

Die Erzeugung des Schlüssels ist beendet.
```

Damit ist der öffentliche und geheime Schlüssel mit der Benutzer-ID cpe.imc.de von Carl Peter Emsig erstellt.

Zur Übung empfehlen wir die Erstellung eines zweiten öffentlichen Schlüssels, der zur Ver- und Entschlüsselung verwendet werden kann. Die Benutzer-ID des zweiten Schlüssels für den Mitarbeiter „Franz Anton Rüstig“ soll zu Übungszwecken lauten: **far@imc.de**

Das Paßwort des Schlüssels lautet: **Katze**

Erstellen Sie bitte dieses Schlüsselpaar zu Übungszwecken.

21.1.1 Aufbewahrung des öffentlichen und des privaten PGP-Schlüssels

Der öffentliche und der private PGP-Schlüssel werden standardmäßig auf der Festplatte C: Ihres Rechners gespeichert. Im Verzeichnis PGP befinden sich je nach PGP-Version folgende Dateien, die Sie durch den Aufruf des MS-DOS Kommandos **dir/p** ansehen können:

Datenträger in Laufwerk C hat keine Datenträgerbezeichnung
Datenträgernummer: 1878-18D7
Verzeichnis von C:\PGP

.	<DIR>		17.04.96	15:49
..	<DIR>		17.04.96	15:49
SETUP	DOC	13762	11.01.96	16:03
MD5SUM	EXE	18856	11.01.96	22:50
PGPSORT	EXE	18196	04.09.95	20:10
PGP	EXE	237737	18.01.96	14:06
CONFIG	TXT	5155	23.04.97	7:44
DE	HLP	5735	02.01.96	14:58
EN	HLP	4279	02.01.96	14:57
ES	HLP	4659	02.01.96	4:56
FR	HLP	4779	02.01.96	14:58
KEYS	ASC	14498	15.01.96	21:54
LANGUAGE	TXT	108033	18.01.96	12:54
PGP	HLP	2072	12.01.96	16:01
SECRING	PGP	271	23.04.97	10:22

Die öffentlichen Schlüssel befinden sich in der Datei PUBRING.PGP, die geheimen Schlüssel unter SECRING.PGP. Sie werden von PGP als sogenannte „Schlüsselbunde" bezeichnet.

Im Schlüsselbund PUBRING.PGP für die öffentlichen Schlüssel werden sowohl der von Ihnen generierte öffentliche Schlüssel als auch die von anderen Personen erhaltenen öffentlichen Schlüssel gespeichert.

Ihr geheimer Schlüssel befindet sich in der Datei SECRING.PGP. Ich empfehle dringend, die Dateien PUBRING.PGP und SECRING.PGP auf eine Backup-Diskette zu kopieren und an einem sicheren Ort zu verwahren. Dies ist notwendig, damit Sie selbst Reserveschlüssel haben, falls der Inhalt Ihrer Festplatte durch einen Defekt nicht mehr lesbar sein sollte oder falls diese Dateien auf der Festplatte aus Versehen gelöscht werden sollten.

Lesbar für einen Angreifer sind die Dateien nicht. Bei dem Versuch, die Dateien PUBRING.PGP oder SECRING.PGP mit dem Editor zu lesen, werden scheinbar zusammenhanglose Zeichen angezeigt:

```
™ M˜3]ÆÙ ´^ °ý¤›BPõÂ¤ÔNm•ô“dê•âÞ•šéÝ×1'‰v-ë•Ç•AXhe˜•m 1,ª¹J¹⁄4iÐ
VÞ)R²_h#ú÷ù•‹i ˘•°´‡´
cpe.imc.de°´˜‰ U˜˘•3]ÆÚh#ú÷ù•‹i´´\}´þ/%f•
```

```
5gfä
Km¨ç•%õm-/2œ•ÃaTº_³•í•îì‰à ¥´‹ h„•Å
```

Selbst wenn es bei einem Ausspähversuch gelingt, diese Dateien zu kopieren, bleiben sie für den Angreifer unverständlich.

21.1.2 Der öffentliche PGP-Schüsselbund

Bislang sind zwei öffentliche Schlüssel von PGP generiert worden:

- einer für Carl Peter Emsig mit der Benutzer-ID **cpe.imc.de**
- und einer für Franz Anton Rüstig mit der Benutzer-ID **far.imc.de**

Um diese Schlüsselbunde anzusehen, ist der folgende Befehl nützlich:
pgp -kv [v] [Benutzer BENUTZER-ID] [Schlüsselbund]

Bei Eingabe dieses Befehls erscheint auf dem Bildschirm folgende Information mit einem ähnlichen Inhalt. Die Zahlen und Buchstaben der Schlüsselbeschreibung unterscheiden für sich jedoch für jede Person, die einen Schlüssel erstellt hat.

```
C:\PGP>pgp -kv
Pretty Good Privacy(tm) 2.6.3i - Public-key-Verschlüsselung für die Massen.
(c) 1990-96 Philip Zimmermann, Phil's Pretty Good Software. 1996-01-18
Internationale Version - nicht in den USA verwenden!  Benutzt nicht
RSAREF.
Aktuelles Datum und Uhrzeit: 1997/04/23 17:40 GMT

Schlüsselbund 'c:\pgp\pubring.pgp':

Typ  Bits/ID      Datum      Benutzer
öff   512/B49F6915 1997/04/23 far.imc.de
öff   512/F91A8B69 1997/04/23 cpe.imc.de
Es wurden 2 passende Schlüssel gefunden.
```

Aus dieser Bildschirmmeldung lassen sich folgende Informationen je Schlüssel analysieren: Der Schlüssel mit der Benutzer-ID **far.imc.de** hat 512 Bits, die interne PGP-Benutzer-ID lautet B49F6915. Der Schlüssel wurde am 23.4.1997 erstellt.

Wenn Sie nur einen bestimmten öffentlichen PGP-Schlüssel sehen wollen, in diesem Beispiel den Schlüssel cpe.imc.de, dann geben Sie folgenden Befehl ein: **pgp -kv cpe.imc.de**

```
C:\PGP>pgp -kv cpe.imc.de
Pretty Good Privacy(tm) 2.6.3i - Public-key-Verschlüsselung für die Massen.
(c) 1990-96 Philip Zimmermann, Phil's Pretty Good Software. 1996-01-18
Internationale Version - nicht in den USA verwenden! Benutzt nicht
RSAREF.
Aktuelles Datum und Uhrzeit: 1997/04/23 17:49 GMT

Schlüsselbund 'c:\pgp\pubring.pgp':
Suche nach Benutzer-ID "cpe.imc.de":

Typ  Bits/ID      Datum      Benutzer
öff  512/F91A8B69 1997/04/23 cpe.imc.de
Es wurde ein passender Schlüssel gefunden.
```

Wenn Sie Ihren öffentlichen PGP-Schlüssel in einer anderen Datei als in C:\PGP abgelegt haben, so können Sie darauf mit dem folgenden Befehl zugreifen: **pgp -kv a:\pubring.pgp**

PGP sucht nun auf der Diskette (Laufwerk A:) nach der Datei PUBRING.PGP.

21.1.3 Der geheime PGP-Schlüsselbund

Für den geheimen PGP-Schlüsselbund gilt dieselbe Logik wie für den öffentlichen Schlüsselbund. Der Befehl zum Aufruf des geheimen Schlüsselbundes lautet: **pgp -kv secring.pgp**

Auf dem Bildschirm erscheint:

```
C:\PGP>pgp -kv cpe.imc.de
Pretty Good Privacy(tm) 2.6.3i - Public-key-Verschlüsselung für die Massen.
(c) 1990-96 Philip Zimmermann, Phil's Pretty Good Software. 1996-01-18
Internationale Version - nicht in den USA verwenden! Benutzt nicht
RSAREF.
Aktuelles Datum und Uhrzeit: 1997/04/23 17:49 GMT

Schlüsselbund 'secring.pgp':

Typ  Bits/ID      Datum      Benutzer
prv  512/B49F6915 1997/04/23 far.imc.de
```

```
prv   512/F91A8B69 1997/04/23 cpe.imc.de
Es wurden 2 passende Schlüssel gefunden.
```

Ein bestimmter Schlüssel läßt sich mit dem folgenden Befehl aufrufen:
pgp -kv cpe.imc.de secring.pgp

Auf dem Bildschirm erscheint:

```
C:\PGP>pgp -kv cpe.imc.de
Pretty Good Privacy(tm) 2.6.3i - Public-key-Verschlüsselung für die Massen.
(c) 1990-96 Philip Zimmermann, Phil's Pretty Good Software. 1996-01-18
Internationale Version - nicht in den USA verwenden!  Benutzt nicht
RSAREF.
Aktuelles Datum und Uhrzeit: 1997/04/23 17:49 GMT

Schlüsselbund 'secring.pgp':
Suche nach Benutzer-ID "cpe.imc.de":
Typ  Bits/ID      Datum      Benutzer
prv   512/F91A8B69 1997/04/23 cpe.imc.de
Es wurde ein passender Schlüssel gefunden.
```

21.1.4 Exportieren und Ansehen des öffentlichen PGP-Schlüssels

PGP verfügt über die Option, den öffentlichen PGP-Schlüssel am Schlüsselbund zu kopieren, um ihn zum Beispiel an Empfänger von E-Mail-Nachrichten zu senden. Dabei bleibt Ihr öffentlicher PGP-Schlüssel an Ihrem Schlüsselbund.

Der allgemeine Befehl für diese Option lautet:

pgp -kx (a) Benutzer-ID Datei mit den Schlüsseln [Schlüsselbund]

Versuchen Sie folgendes Beispiel: **pgp -kx cpe.imc.de**

Auf dem Bildschirm erscheint:

```
C:\PGP>pgp -kx cpe.imc.de
Pretty Good Privacy(tm) 2.6.3i - Public-key-Verschlüsselung für die Massen.
(c) 1990-96 Philip Zimmermann, Phil's Pretty Good Software. 1996-01-18
Internationale Version - nicht in den USA verwenden!  Benutzt nicht
RSAREF.
Aktuelles Datum und Uhrzeit: 1997/04/24 09:57 GMT
```

```
Extrahieren aus dem Schlüsselbund: 'c:\pgp\pubring.pgp'
Benutzer-ID "cpe.imc.de".

Schlüssel für Benutzer-ID "cpe.imc.de",
512-Bit-Schlüssel, Schlüssel-ID: F91A8B69, erzeugt am: 1997/04/23.

Dateiname dieses extrahierten Schlüssels?
```

An dieser Stelle liegt ein Übersetzungsfehler der deutschen Version von PGP 2.6.3i vor. Anstelle des Dateinames des extrahierten Schlüssels müßte dort stehen: **Datei, in die der Schlüssel kopiert werden soll.**

In unserem Beispiel geben wir den folgenden Befehl ein: **a:\export**

```
C:\PGP>pgp -kx cpe.imc.de
Pretty Good Privacy(tm) 2.6.3i - Public-key-Verschlüsselung für die Massen.
(c) 1990-96 Philip Zimmermann, Phil's Pretty Good Software. 1996-01-18
Internationale Version - nicht in den USA verwenden! Benutzt nicht
RSAREF.
Aktuelles Datum und Uhrzeit: 1997/04/24 09:57 GMT
Extrahieren aus dem Schlüsselbund: 'c:\pgp\pubring.pgp'
Benutzer-ID "cpe.imc.de".
Schlüssel für Benutzer-ID "cpe.imc.de"
512-Bit-Schlüssel, Schlüssel-ID: F91A8B69, erzeugt am: 1997/04/23.
Dateiname dieses extrahierten Schlüssels? a:\export
Schlüssel extrahiert in Datei 'a:\export.pgp'
```

PGP fügt automatisch das Kürzel pgp hinzu. Sie können diesen Zusatz jedoch nach Ihrer Wahl ändern.

Dasselbe Ergebnis hätte sich auch erzielen lassen mit dem Befehl:
pgp -kx „cpe.imc.de“ Export oder **pgp -kx „cpe.imc.de“ <0815151838> Export**

Der öffentliche PGP-Schüssel **cpe.imc.de** ist unter dem Namen Export jetzt auf der Diskette so verschlüsselt gespeichert, daß er nur durch PGP gelesen werden kann.

Die Anführungszeichen in der oberen Variante sind wichtig, damit PGP zwischen der Bezeichnung cpe.imc.de Export als zusammenhängende Bezeichnung für die Benutzer-ID und der getrennten Bezeichnung cpe.imc.de und dem Dateinamen unterscheiden kann.

Sollten Sie aus Versehen den Befehl **pgp -kx „cpe.imc.de" a:\export** zweimal eingegeben haben, so kann kein Schaden entstehen. PGP erkennt, daß die Datei schon vorhanden ist und macht mit einer Fehlermeldung darauf aufmerksam.

Auf dem Bildschirm erscheint:

```
C:\PGP>pgp -kx "cpe.imc.de" a:\export
Pretty Good Privacy(tm) 2.6.3i - Public-key-Verschlüsselung für die Massen.
(c) 1990-96 Philip Zimmermann, Phil's Pretty Good Software. 1996-01-18
Internationale Version - nicht in den USA verwenden! Benutzt nicht
RSAREF.
Aktuelles Datum und Uhrzeit: 1997/04/24 10:26 GMT

Extrahieren aus dem Schlüsselbund: 'c:\pgp\pubring.pgp'
Benutzer-ID "cpe.imc.de".

Schlüssel für Benutzer-ID "cpe.imc.de",
512-Bit-Schlüssel, Schlüssel-ID: F91A8B69, erzeugt am: 1997/04/23.
Die Schlüssel-ID F91A8B69 ist bereits im Schlüsselbund
'a:\export.pgp' enthalten.

FEHLER beim Extrahieren aus dem Schlüsselbund.

Eine Übersicht der PGP-Befehle erhältst Du mit: pgp -h C:\PGP>pgp -kx
"cpe.imc.de" a:\export
Pretty Good Privacy(tm) 2.6.3i - Public-key-Verschlüsselung für die Massen.
```

Der auf die Diskette kopierte öffentliche PGP-Schlüssel mit der Bezeichnung Export kann nun einem Empfänger persönlich übergeben oder per Post versandt werden. Wenn Sie den öffentlichen PGP-Schlüssel per E-Mail versenden wollen, so muß folgende Ergänzung beim Kopieren des Schlüssels auf Diskette durchgeführt werden: **pgp -kxa „cpe.imc.de" a:\export**

Der Bildschirm zeigt folgende Meldung:

```
C:\PGP>pgp -kxa "cpe.imc.de" A:\export
Pretty Good Privacy(tm) 2.6.3i - Public-key-Verschlüsselung für die Massen.
(c) 1990-96 Philip Zimmermann, Phil's Pretty Good Software. 1996-01-18
Internationale Version - nicht in den USA verwenden! Benutzt nicht
RSAREF.
```

```
Aktuelles Datum und Uhrzeit: 1997/04/24 10:41 GMT
Extrahieren aus dem Schlüsselbund: 'c:\pgp\pubring.pgp'
Benutzer-ID "cpe.imc.de".

Schlüssel für Benutzer-ID "cpe.imc.de",
512-Bit-Schlüssel, Schlüssel-ID: F91A8B69, erzeugt am: 1997/04/23.

Dateiname der Versandhülle: a:\export.asc
Schlüssel extrahiert in Datei 'a:\export.asc'.
```

Mit diesem Befehl wurde der Schlüssel in eine sogenannte „Versandhülle" verpackt. Die Zahlen und Nummern des Schlüssels wurden so aufbereitet, daß die Zeichen formal nun den Versandanforderung des Internet-Standards für E-Mail entsprechen. Die Zeichen sind in ASCII-Code umgewandelt worden. Mit dem Editor kann man sich den öffentlichen Schlüssel PGP Schlüssel ansehen.

Der Schlüssel sieht im ASCII-Code wie folgt aus:

```
Typ  Bits/ID       Datum      Benutzer
"ff  512/F91A8B69 1997/04/23 cpe.imc.de
-----BEGIN PGP PUBLIC KEY BLOCK-----
Version: 2.6.3i

mQBNAzNdxtkAAAECALD9pJtCUPXCpNRObY/0k2TqnuLeGprp3dcxJ4l2
reuAx45B
 2FUul+z
Fu0d7uyJ4AClAYsgaIQcxQ4M2igcaWCgmTJfwkp82A4UOr6k
=TOmX
-----END PGP PUBLIC KEY BLOCK-----
```

Der öffentliche PGP-Schlüssel hat folgende Struktur:

- Anfangsmeldung"-----BEGIN PGP PUBLIC KEY BLOCK-----
- Versionsnummer "Version: 2.6.3i"
- Verschlüsselte Daten, die den eigentlichen öffentlichen Schlüssel enthalten
- Endmeldung "-----END PGP PUBLIC KEY BLOCK-----

Nur mit diesen vier formalen Komponenten funktioniert der öffentliche PGP-Schlüssel problemlos.

Der öffentliche PGP-Schlüssel **cpe.imc.de** ist auf der Diskette in der Datei Export im ASCII-Code abgelegt. Die Datei hat von PGP automatisch den Zusatz EXPORT.ASC erhalten. Diese Datei kann nun über das Internet oder das Intranet wie eine Datei als E-Mail versandt werden.

21.1.5 Hinzufügen eines öffentlichen PGP-Schlüssels zum Schlüsselbund

Der Austausch von verschlüsselten Nachrichten, Textverarbeitungsdokumenten, Kalkulatonsschemata oder Grafiken ist mit PGP nur dann möglich, wenn beide Kommunikationspartner über den öffentlichen Schlüssel des anderen Kommunikationspartners verfügen.

Daher müssen die Kommunikationspartner öffentliche PGP-Schlüssel austauschen und zu ihrem Schlüsselbund hinzufügen. In unserem Beispiel werden jetzt Kommunikationspartner hinzugefügt, die sich in der Datei KEY.ASC im PGP-Verzeichnis befinden. In dieser Datei ist in der Regel immer der öffentliche PGP-Schlüssel von Philip Zimmermann enthalten, den wir dem Schlüsselbund hinzufügen wollen.

Der Befehl dazu lautet: **pgp -ka keyfile** oder **pgp -ka Keys.asc**

Auf dem Bildschirm erscheint folgende Meldung:

```
C:\PGP>pgp -ka keyfile
Pretty Good Privacy(tm) 2.6.3i - Public-key-Verschlüsselung für die Massen.
(c) 1990-96 Philip Zimmermann, Phil's Pretty Good Software. 1996-01-18
Internationale Version - nicht in den USA verwenden! Benutzt nicht
RSAREF.
Aktuelles Datum und Uhrzeit: 1997/04/24 10:41 GMT

Das Keyfile enthält 1 neue(n) Schlüssel
Einer oder mehrere Schlüssel sind nicht beglaubigt.
Wollen Sie einen von diesen Schlüsseln beglaubigen?
```

Das Kapitel „Beglaubigen“ wird im Anschluß eingehend behandelt. Geben Sie daher jetzt bitte ein: **n**

Der öffentliche Schlüssel von Philip Zimmermann ist soeben dem Schlüsselbund hinzugefügt worden. Um sich den Schlüsselbund anzusehen, geben Sie bitte den Befehl ein: **pgp -kv**

Auf dem Bildschirm erscheint:

```
C:\PGP>pgp -kv
Pretty Good Privacy(tm) 2.6.3i - Public-key-Verschlüsselung für die Massen.
(c) 1990-96 Philip Zimmermann, Phil's Pretty Good Software. 1996-01-18
Internationale Version - nicht in den USA verwenden!  Benutzt nicht
RSAREF.
Aktuelles Datum und Uhrzeit: 1997/04/24 10:41 GMT

Suche nach neuen Schlüsseln:

öff   1024/C7A966DD     1993/05/21    Philip R. Zimmermann
                                      <prz@acm.org>
öff   512/B49F6915      1997/04/23    far.imc.de
öff   512/F91A8B69      1997/04/23    cpe.imc.de

Es wurden 3 passende Schlüssel gefunden.

Fertig... Bitte drücke eine Taste.
```

Der öffentliche Schlüssel von Philipp Zimmermann ist jedem zugänglich, der PGP installiert hat, da dieser Schlüssel immer im PGP-Programmpaket mitgeliefert wird.

Da die öffentlichen Schlüssel von anderen Personen auch in Dateien gespeichert sein können, die nicht mit KEY.ASC bezeichnet sind, kann man mit PGP prüfen, ob sich in einer Datei öffentliche Schlüssel befinden.

Der Befehl dazu lautet: **pgp -kv Dateiname**

Um dies zu testen, geben Sie bitte ein: **pgp -kv de.hlp**

Wenn ein Schlüssel gefunden wird, so läuft die Ergänzungsroutine nach dem oben angeführten Muster ab. Wenn nicht, wie in diesem Fall, so erhalten Sie folgende Bildschirmmeldung:

```
C:\PGP>pgp -ka de.hlp
Pretty Good Privacy(tm) 2.6.3i - Public-key-Verschlüsselung für die Massen.
(c) 1990-96 Philip Zimmermann, Phil's Pretty Good Software. 1996-01-18
Internationale Version - nicht in den USA verwenden!  Benutzt nicht
RSAREF.
```

```
Aktuelles Datum und Uhrzeit: 1997/04/24 12:32 GMT

Keine Schlüssel in 'de.hlp' gefunden.
FEHLER beim Hinzufügen zum Schlüsselbund.

Eine Übersicht der PGP-Befehle erhältst Du mit: pgp -h
Ausführlichere Hilfe findet sich in der PGP-Anleitung.
```

21.1.6 Entfernen des öffentlichen Schlüssels oder einer Benutzer-ID

Nachdem man eine Weile mit PGP gearbeitet hat, sammelt sich im Schlüsselbund eine ganze Reihe von öffentlichen PGP-Schlüsseln der Korrespondenzpartner an. Wenn die Kommunikation mit einem dieser Partner eingestellt wird, so stellt sich die Frage, wie man, um Ordnung zu schaffen, den öffentlichen Schlüssel diese Partners vom Schlüsselbund entfernen kann.

Der Befehl dazu lautet: **pgp -kr „Benutzer-ID“**

Um dies zu testen, wurde als Beispiel der öffentliche PGP-Schlüssel von John De Heaven zwischenzeitlich in den Schlüsselbund aufgenommen. Dieser Schlüssel soll nun entfernt werden. Der Befehl dazu lautet: **pgp -kr „John De Heaven“**

Auf dem Bildschirm erscheint:

```
C:\PGP>pgp -kr "John DeHaven"
Pretty Good Privacy(tm) 2.6.3i - Public-key-Verschlüsselung für die Massen.
(c) 1990-96 Philip Zimmermann, Phil's Pretty Good Software. 1996-01-18
Internationale Version - nicht in den USA verwenden! Benutzt nicht
RSAREF.
Aktuelles Datum und Uhrzeit: 1997/04/24 12:50 GMT

Löschen aus Schlüsselbund 'c:\pgp\pubring.pgp'
Benutzer-ID "John DeHaven".

Schlüssel für Benutzer-ID "John DeHaven <johnd@wov.com>",
1024-Bit-Schlüssel, Schlüssel-ID: A770AE71, erzeugt am: 1994/02/26.
Bist Du sicher, daß Du diesen Schlüssel löschen willst? (j/N)
```

Geben Sie bitte ein: **J**

PGP bringt nun die Bildschirmmeldung:

```
C:\PGP>pgp -kr "John DeHaven"
Pretty Good Privacy(tm) 2.6.3i - Public-key-Verschlüsselung für die Massen.
(c) 1990-96 Philip Zimmermann, Phil's Pretty Good Software. 1996-01-18
Internationale Version - nicht in den USA verwenden! Benutzt nicht
RSAREF.
Aktuelles Datum und Uhrzeit: 1997/04/24 12:50 GMT

Der Schlüssel wurde aus dem Schlüsselbund gelöscht.
```

Achten Sie darauf, daß die Benutzer-ID innerhalb von Anführungszeichen buchstabengetreu angegeben werden muß, damit PGP den richtigen Schlüssel findet.

21.1.7 Schlüsselüberprüfung durch den „elektronischen Fingerabdruck"

Eine der möglichen Schwachstellen in einer sicheren Kommunikation mit PGP könnte dadurch entstehen, daß ein öffentlicher Schlüssel ausgetauscht worden ist. Dieser Fall ist detailliert im Kapitel 22.1 unter den potenziellen Schwachstellen von PGP beschrieben. Um sich zu vergewissern, ob ein öffentlicher Schlüssel echt ist, sind folgende Schritte notwendig: Feststellung der Sicherheitsnummer. Geben Sie hierzu den folgenden Befehl ein: **pgp -kvc Benutzer-ID**

Im vorliegenden Beispiel geben Sie bitte den Befehl ein: **pgp -kvc „cpe.imc.de"**

```
C:\PGP>pgp -kvc "cpe.imc.de"
Pretty Good Privacy(tm) 2.6.3i - Public-key-Verschlüsselung für die Massen.
(c) 1990-96 Philip Zimmermann, Phil's Pretty Good Software. 1996-01-18
Internationale Version - nicht in den USA verwenden! Benutzt nicht
RSAREF.
Aktuelles Datum und Uhrzeit: 1997/04/24 13:17 GMT
Schlüsselbund 'c:\pgp\pubring.pgp':
Suche nach Benutzer-ID "cpe.imc.de":
Typ   Bits/ID        Datum          Benutzer
öff   512/F91A8B69        1997/04/23     cpe.imc.de
Fingerabdruck des Schlüssels: 25 7B 90 1E F6 97 84 6A  E9 0E 45 B6 30 1E
49 3C
Es wurde ein passender Schlüssel gefunden.
```

Der Fingerabdruck lautet: 25 7B 90 1E F6 97 84 6A E9 0E 45 B6 30 1E 49 3C

Greifen Sie zum Telefon, rufen Sie den Empfänger an und verifizieren Sie diese Nummer. So läßt sich feststellen, ob ein unautorisierter Austausch der Schlüssel vorgenommen worden ist.

21.1.8 Auswahl von Schlüsseln durch die Schlüsselidentifikation

Öffentliche Schlüssel können mit der Benutzer-ID oder aber auch mit der Schlüsselidentifikation ausgewählt werden. Das ist dann sinnvoll, wenn sich bereits Schlüssel am Schlüsselbund befinden, die mit denselben Buchstaben oder Zahlen beginnen. PGP sucht nach dem Matchcode-Prinzip, und wenn zum Beispiel zwei Schlüssel auf cpe@imc.de oder cpe@imc.ua lauten, so kann aus Versehen der falsche Schlüssel angesprochen werden.

Der Befehl, um einen öffentlichen PGP-Schlüssel mit der Schlüsselidentifikation anzusprechen, lautet: **pgp -kv 0xBenutzer-ID**

Für die Benutzer-ID cpe@imc.de lautet die Schlüsselidentifikation beispielsweise: **pgp -kv F91A8B69**

Auf dem Bildschirm erscheint:

```
Pretty Good Privacy(tm) 2.6.3i - Public-key-Verschlüsselung für die Massen.
(c) 1990-96 Philip Zimmermann, Phil's Pretty Good Software. 1996-01-18
Internationale Version - nicht in den USA verwenden! Benutzt nicht
RSAREF.
Aktuelles Datum und Uhrzeit: 1997/04/28 13:30 GMT

Schlüsselbund 'c:\pgp\pubring.pgp':
Suche nach Benutzer-ID "0xF91A8B69":

Typ Bits/ID      Datum      Benutzer
öff  512/F91A8B69 1997/04/23 cpe.imc.de
Es wurde ein passender Schlüssel gefunden.
```

Die Zeichen vor der Benutzer-ID sind die 0 und ein kleines x.

21.2 Elektronische Beglaubigungen

PGP bietet beim Versand von elektronischen Dokumenten ein zusätzliches Element zur Erhöhung der Sicherheit: Die elektronische Beglaubigung (durch Unterschrift) auf einem öffentlichen PGP-Schlüssel.

21.2.1 Elektronische Beglaubigung eines öffentlichen Schlüssels

Die elektronische Beglaubigung eines öffentlichen PGP-Schlüssels ist dann wichtig, wenn man dessen Echtheit bekräftigen will (wie durch eine Apostille).

Um einen öffentlichen Schlüssel zu beglaubigen, wird der folgende Befehl verwendet:
pgp -06.03.97; Benutzer-ID -u Benutzer-ID der Person, die unterschreibt

In dem nachstehenden Beispiel wird der öffentliche Schlüssel des Benutzers cpe.imc.de beglaubigt: **pgp -ks cpe.imc.de -u far.imc.de**

Auf dem Bildschirm erscheint:

```
C:\>pgp -ks cpe.imc.de -u far.imc.de
Pretty Good Privacy(tm) 2.6.3i - Public-key-Verschlüsselung für die Massen.
(c) 1990-96 Philip Zimmermann, Phil's Pretty Good Software. 1996-01-18
Internationale Version - nicht in den USA verwenden! Benutzt nicht
RSAREF.
Aktuelles Datum und Uhrzeit: 1997/04/30 12:09 GMT
Suche den Schlüssel für "cpe.imc.de":

Schlüssel für Benutzer-ID "cpe.imc.de",
512-Bit-Schlüssel, Schlüssel-ID: 439FA4D9, erzeugt am: 1997/04/30.
Fingerabdruck des Schlüssels: E0 F7 ED 0C 86 4B C6 89  55 8C 0C D2 EC
35 DB EF

SORGFÄLTIG LESEN: Bist Du, gestützt auf eigenes, direktes Wissen aus
erster Hand, absolut sicher, daß Du zuverlässig beglaubigen kannst, daß der
oben angezeigte öffentliche Schlüssel wirklich zu der oben genannten Person
gehört? (j/N)
```

Geben Sie bitte ein: **J**

Auf dem Bildschirm erscheint:

```
C:\>pgp -ks cpe.imc.de -u far.imc.de
Pretty Good Privacy(tm) 2.6.3i - Public-key-Verschlüsselung für die Massen.
(c) 1990-96 Philip Zimmermann, Phil's Pretty Good Software. 1996-01-18
Internationale Version - nicht in den USA verwenden! Benutzt nicht
RSAREF.
Aktuelles Datum und Uhrzeit: 1997/04/30 12:09 GMT

Du brauchst ein Mantra, um Deinen privaten RSA-Schlüssel zu benutzen.

Schlüssel für Benutzer-ID "far.imc.de",

512-Bit-Schlüssel, Schlüssel-ID: 37EB0C35, erzeugt am: 1997/04/30.

Gib das Mantra ein:
```

PGP fragt Sie nun nach dem Paßwort für far.imc.de. Geben Sie bitte ein: **Katze**

Auf dem Bildschirm erscheint:

```
C:\>pgp -ks cpe.imc.de -u far.imc.de
Pretty Good Privacy(tm) 2.6.3i - Public-key-Verschlüsselung für die Massen.
(c) 1990-96 Philip Zimmermann, Phil's Pretty Good Software. 1996-01-18
Internationale Version - nicht in den USA verwenden! Benutzt nicht
RSAREF.
Aktuelles Datum und Uhrzeit: 1997/04/30 12:09 GMT

Das Mantra ist richtig.
Einen Augenblick, bitte....
Der Schlüssel wurde mit Deiner Unterschrift beglaubigt.
```

Damit ist der öffentliche PGP-Schlüssel von **cpe.imc.de** durch **far.imc.de** beglaubigt worden.

Mit dem Kommando **pgp -ks cpe.imc.de -u cpe.imc.de** läßt sich auch der eigene öffentliche Schlüssel beglaubigen.

21.2.2 Übersicht der elektronischen Beglaubigungen

Mit PGP kann man sich eine Übersicht der Beglaubigungen anzeigen lassen, die sich am öffentlichen Schlüsselbund befinden. Die Beglaubigungen werden nach der Auflistung des öffentlichen Schlüssels angezeigt.

Der Befehl zur Erstellung der Übersicht lautet: **pgp -kvv**

```
C:\>pgp -kvv
Pretty Good Privacy(tm) 2.6.3i - Public-key-Verschlüsselung für die Massen.
(c) 1990-96 Philip Zimmermann, Phil's Pretty Good Software. 1996-01-18
Internationale Version - nicht in den USA verwenden! Benutzt nicht
RSAREF.
Aktuelles Datum und Uhrzeit: 1997/04/30 12:09 GMT
Schlüsselbund 'c:\pgp\pubring.pgp':

Typ   Bits/ID          Datum        Benutzer
öff   512/37EB0C35 1997/04/30       far.imc.de
Unt     37EB0C35                    far.imc.de
öff   512/439FA4D9 1997/04/30       cpe.imc.de
Unt     37EB0C35                    far.imc.de
Unt     439FA4D9                    cpe.imc.de
öff   512/2DA6D2A5 1997/04/30       sop.imc.de
Unt     2DA6D2A5                    sop.imc.de
öff   1024/C7A966DD 1993/05/21      Philip R. Zimmermann
                                      <prz@acm.org>
Es wurden 4 passende Schlüssel gefunden.
```

Wenn nur eine bestimmte Unterschrift gesucht wird, so ist dies möglich über den Befehl: **pgp -kvv cpe.imc.de**

Auf dem Bildschirm wird angezeigt:

```
C:\>pgp -kvv cpe.imc.de
Pretty Good Privacy(tm) 2.6.3i - Public-key-Verschlüsselung für die Massen.
(c) 1990-96 Philip Zimmermann, Phil's Pretty Good Software. 1996-01-18
Internationale Version - nicht in den USA verwenden! Benutzt nicht
RSAREF.
Aktuelles Datum und Uhrzeit: 1997/04/30 12:34 GMT
Schlüsselbund 'c:\pgp\pubring.pgp':
Suche nach Benutzer-ID "cpe.imc.de":
Typ  Bits/ID      Datum      Benutzer
öff  512/439FA4D9 1997/04/30 cpe.imc.de
Unt       439FA4D9           cpe.imc.de
Es wurde ein passender Schlüssel gefunden.
```

21.2.3 Entfernen von elektronischen Beglaubigungen

Wenn Sie eine Beglaubigung von einem öffentlichen Schlüssel entfernen wollen, so geschieht dies mit dem Befehl: **pgp krs Benutzer ID**

Wenn beispielsweise die Beglaubigung des öffentlichen Schlüssels von cpe.imc.de entfernt werden soll, ist dafür der folgende Befehl notwendig: **pgp -krs cpe.imc.de**

```
C:\>pgp -krs cpe.imc.de
Pretty Good Privacy(tm) 2.6.3i - Public-key-Verschlüsselung für die Massen.
(c) 1990-96 Philip Zimmermann, Phil's Pretty Good Software. 1996-01-18
Internationale Version - nicht in den USA verwenden! Benutzt nicht
RSAREF.
Aktuelles Datum und Uhrzeit: 1997/04/30 13:07 GMT
Löschen der Unterschriften unter ID "cpe.imc.de"
aus dem Schlüsselbund 'c:\pgp\pubring.pgp'.
Schlüssel für Benutzer-ID "cpe.imc.de",
512-Bit-Schlüssel, Schlüssel-ID: 439FA4D9, erzeugt am: 1997/04/30.

Der Schlüssel trägt 2 Unterschrift(en):
Unt     37EB0C35          far.imc.de
Diese Unterschrift löschen? (j/N)
```

PGP fragt, ob die Beglaubigung des Kollegen **far.imc.de** gelöscht werden soll. Geben Sie bitte den Befehl ein: **J**

Auf dem Bildschirm erscheint die Meldung:

```
C:\>pgp -krs cpe.imc.de
Pretty Good Privacy(tm) 2.6.3i - Public-key-Verschlüsselung für die Massen.
(c) 1990-96 Philip Zimmermann, Phil's Pretty Good Software. 1996-01-18
Internationale Version - nicht in den USA verwenden! Benutzt nicht
RSAREF.
Aktuelles Datum und Uhrzeit: 1997/04/30 13:07 GMT
Der Schlüssel trägt 2 Unterschrift(en):
Unt     37EB0C35          far.imc.de
Diese Unterschrift löschen? (j/N) j
Unt     439FA4D9          cpe.imc.de
Diese Unterschrift löschen? (j/N) n
```

Wenn Sie die Beglaubigung von cpe.imc.de löschen wollen, so geben sie ein: **J**

Auf dem Bildschirm erscheint:

```
C:\>pgp -krs cpe.imc.de
Pretty Good Privacy(tm) 2.6.3i - Public-key-Verschlüsselung für die Massen.
(c) 1990-96 Philip Zimmermann, Phil's Pretty Good Software. 1996-01-18
Internationale Version - nicht in den USA verwenden! Benutzt nicht
RSAREF.
Aktuelles Datum und Uhrzeit: 1997/04/30 13:07 GMT

2 Unterschrift(en) gelöscht.
```

Damit sind für den Benutzer cpe.imc.de alle Unterschriften gelöscht.

21.2.4 Überprüfen von Beglaubigungen

Die Beglaubigung eines Schlüssels läßt sich am Schlüsselbund mit dem folgenden Befehl überprüfen: **pgp -kc Benutzer-ID**

Um beispielsweise den öffentlichen Schlüssel des Benutzers cpe.imc.de zu überprüfen, ist der Befehl **pgp -kc cpe.imc.de** notwendig.

Auf dem Bildschirm erscheint:

```
C:\>pgp -kc cpe.imc.de
Pretty Good Privacy(tm) 2.6.3i - Public-key-Verschlüsselung für die Massen.
(c) 1990-96 Philip Zimmermann, Phil's Pretty Good Software. 1996-01-18
Internationale Version - nicht in den USA verwenden! Benutzt nicht
RSAREF.
Aktuelles Datum und Uhrzeit: 1997/04/30 13:30 GMT

Schlüsselbund 'C:\PGP\pubring.pgp':
Suche nach Benutzer-ID "cpe.imc.de":

Typ  Bits/ID       Datum        Benutzer
öff  512/439FA4D9  1997/04/30   cpe.imc.de
```

Um alle öffentlichen Schlüssel am Schlüsselbund zu überprüfen, wird der folgende Befehl verwendet: **pgp -kc**

Auf dem Bildschirm erscheint die Meldung:

```
C:\>pgp -kc
Pretty Good Privacy(tm) 2.6.3i - Public-key-Verschlüsselung für die Massen.
(c) 1990-96 Philip Zimmermann, Phil's Pretty Good Software. 1996-01-18
Internationale Version - nicht in den USA verwenden! Benutzt nicht
RSAREF.
Aktuelles Datum und Uhrzeit: 1997/04/30 13:38 GMT
Schlüsselbund 'c:\pgp\pubring.pgp':

Typ  Bits/ID      Datum      Benutzer
öff   512/37EB0C35 1997/04/30 far.imc.de
öff   512/439FA4D9 1997/04/30 cpe.imc.de
öff   512/2DA6D2A5 1997/04/30 sop.imc.de
öff  1024/C7A966DD 1993/05/21 Philip R. Zimmermann <prz@acm.org>
öff  1024/0DBF906D 1994/08/27 Jeffrey I. Schiller <jis@mit.edu>

Es wurden 5 passende Schlüssel gefunden.

ID          Vertrauen     Gültigk.      Benutzer
* 37EB0C35  absolut       voll          far.imc.de
c           absolut                     far.imc.de
* 439FA4D9  absolut       voll          cpe.imc.de
* 2DA6D2A5 absolut        voll          sop.imc.de
c           absolut                     sop.imc.de
C7A966DD    undefin.      undefin.      Philip R. Zimmermann
<prz@acm.org>
        undefin.      (Schlüssel-ID: A770AE71)
        undefin.      (Schlüssel-ID: CCEF447D)
        undefin.      (Schlüssel-ID: 32DD98D9)
        undefin.      Jeffrey I. Schiller <jis@mit.edu>
        undefin.      (Schlüssel-ID: 8DE722D9)
        undefin.      Philip R. Zimmermann <prz@acm.org>
0DBF906D undefin.  undefin.  Jeffrey I. Schiller <jis@mit.edu>
        undefin.      Jeffrey I. Schiller <jis@mit.edu>
        undefin.      Philip R. Zimmermann <prz@acm.org>
        undefin.      (Schlüssel-ID: C1B06AF1)
```

Dieser Bildschirm zeigt, daß der Benutzer, der diesen Schlüsselbund besitzt, absolutes Vertrauen in die

- Zuverlässigkeit des Kollegen sop.imc.de besitzt, Schlüssel zu beglaubigen und
- volles Vertrauen in die Gültigkeit des öffentlichen PGP-Schlüssels des Kollegen sop.imc.de hat.

21.2.5 Veränderung von Beglaubigungen

Mit PGP können Beglaubigungen verändert werden, wenn sich der Vertrauensstatus eines Korrespondenzpartners ändert.

Der Befehl dafür lautet: **pgp -ke Benutzer-ID**

Geben Sie als Beispiel ein: **pgp -ke „Philip R. Zimmermann"**

Auf dem Bildschirm erscheint:

```
C:\>pgp -ke "Philip R. Zimmermann"
Pretty Good Privacy(tm) 2.6.3i - Public-key-Verschlüsselung für die Massen.
(c) 1990-96 Philip Zimmermann, Phil's Pretty Good Software. 1996-01-18
Internationale Version - nicht in den USA verwenden! Benutzt nicht
RSAREF.
Aktuelles Datum und Uhrzeit: 1997/04/30 13:54 GMT
Diese Schlüssel-/Benutzer-Zuordnung ist nicht bestätigt.
 Fragwürdige Beglaubigung von:
 (Schlüssel-ID: A770AE71)
 Fragwürdige Beglaubigung von:
 (Schlüssel-ID: CCEF447D)
 Fragwürdige Beglaubigung von:
 (Schlüssel-ID: 32DD98D9)
Fragwürdige Beglaubigung von:
 (Schlüssel-ID: 8DE722D9)
 Fragwürdige Beglaubigung von:
 Philip R. Zimmermann <prz@acm.org>
Aktuelles 'Vertrauen' zum Besitzer dieses Schlüssels: undefin.
Entscheide für Dich, ob dieser Schlüssel tatsächlich zu dieser Person gehört.
Triff diese Entscheidung unter Berücksichtigung der zur Verfügung stehenden
Informationen. Wenn Du glaubst, daß der Schlüssel echt ist, dann beantworte
folgende Frage aufgrund Deiner Einschätzung der Vertrauenswürdigkeit der
Person und ihrer Kompetenz beim Umgang mit PGP-Schlüsseln:
```

```
Würdest Du "Philip R. Zimmermann <prz@acm.org>" als 'Einführer'und 'Be-
glaubiger' für die öffentlichen Schlüssel Dritter vertrauen?
(1=Ich weiß nicht; 2=Nein; 3=In der Regel; 4=Ja, immer) :
```

Geben Sie in diesem Beispiel 3, gleichbedeutend mit "in der Regel", ein: **3**

Mit Ihrer Auswahl haben Sie den Vertrauensgrad für Philip R. Zimmermann als „Beglaubiger" eines öffentlichen Schlüssels festgelegt.

21.2.6 Veränderung der Benutzer-ID oder des Paßwortes

Die Veränderung der Benutzer-ID oder des Paßwortes (Mantra) und das Hinzufügen einer zusätzlichen Bezeichnung für eine Benutzer-ID erfolgt in PGP mit dem Befehl: **pgp -ke**

Um für die Benutzer-ID cpe.imc.de zum Beispiel eine zusätzliche Benutzer-ID Carl hinzuzufügen, geben Sie den folgenden Befehl ein: **pgp -ke cpe.imc.de**

Auf dem Bildschirm erscheint:

```
C:\>pgp -ke cpe.imc.de
Pretty Good Privacy(tm) 2.6.3i - Public-key-Verschlüsselung für die Massen.
(c) 1990-96 Philip Zimmermann, Phil's Pretty Good Software. 1996-01-18
Internationale Version - nicht in den USA verwenden! Benutzt nicht
RSAREF.
Aktuelles Datum und Uhrzeit: 1997/04/30 13:54 GMT
Bearbeitung der Benutzer-ID "cpe.imc.de"
im Schlüsselbund 'C:\PGP\pubring.pgp'.
Schlüssel für Benutzer-ID "cpe.imc.de",
512-Bit-Schlüssel, Schlüssel-ID: 439FA4D9, erzeugt am: 1997/04/30.
Du brauchst ein Mantra, um Deinen privaten RSA-Schlüssel zu benutzen.
Schlüssel für Benutzer-ID "cpe.imc.de",
512-Bit-Schlüssel, Schlüssel-ID: 439FA4D9, erzeugt am: 1997/04/30.

Gib das Mantra (Paßwort) ein:
```

Geben Sie nun bitte das Paßwort (Mantra) ein: **Maus**

Auf dem Bildschirm erscheint:

```
C:\>pgp -ke cpe.imc.de
Pretty Good Privacy(tm) 2.6.3i - Public-key-Verschlüsselung für die Massen.
```

```
(c) 1990-96 Philip Zimmermann, Phil's Pretty Good Software. 1996-01-18
Internationale Version - nicht in den USA verwenden! Benutzt nicht
RSAREF.
Aktuelles Datum und Uhrzeit: 1997/04/30 13:54 GMT

Das Mantra (Paßwort) ist richtig.
Aktuelle Benutzer-ID: cpe.imc.de
Willst Du eine neue Benutzer-ID hinzufügen? (j/N)
```

Geben Sie bitte ein: **J**

Auf dem Bildschirm erscheint die Eingabeaufforderung:

```
C:\>pgp -ke cpe.imc.de
Pretty Good Privacy(tm) 2.6.3i - Public-key-Verschlüsselung für die Massen.
(c) 1990-96 Philip Zimmermann, Phil's Pretty Good Software. 1996-01-18
Internationale Version - nicht in den USA verwenden! Benutzt nicht
RSAREF.
Aktuelles Datum und Uhrzeit: 1997/04/30 13:54 GMT

Gib die neue Benutzer-ID ein:
```

Geben Sie bitte als weitere Benutzer-ID den folgenden Namen ein: **Carl**

Auf dem Bildschirm wird die Frage gestellt, ob die zusätzliche Benutzer-ID als erster Suchbegriff gespeichert werden soll oder ob die bereits bestehende Benutzer-ID wie bisher der erste Suchbegriff sein soll.

Auf dem Bildschirm erscheint die Eingabeaufforderung:

```
C:\>pgp -ke cpe.imc.de
Pretty Good Privacy(tm) 2.6.3i - Public-key-Verschlüsselung für die Massen.
(c) 1990-96 Philip Zimmermann, Phil's Pretty Good Software. 1996-01-18
Internationale Version - nicht in den USA verwenden! Benutzt nicht
RSAREF.
Aktuelles Datum und Uhrzeit: 1997/04/30 13:54 GMT

Soll dies die vorrangige Benutzer-ID für diesen Schlüssel werden? (j/N) n
```

Geben Sie in diesem Beispiel ein: **N**

Nun fragt PGP, ob Sie Ihr Paßwort (Mantra) ändern wollen.

Auf dem Bildschirm erscheint:

```
C:\>pgp -ke cpe.imc.de
Pretty Good Privacy(tm) 2.6.3i - Public-key-Verschlüsselung für die Massen.
(c) 1990-96 Philip Zimmermann, Phil's Pretty Good Software. 1996-01-18
Internationale Version - nicht in den USA verwenden! Benutzt nicht
RSAREF.
Aktuelles Datum und Uhrzeit: 1997/04/30 13:54 GMT

Willst Du Dein Mantra (Paßwort) ändern? (j/N) n
```

Geben Sie bitte ein: **N**

PGP bestätigt nun das Update des öffentlichen und geheimen PGP-Schlüssels mit der Meldung auf dem Bildschirm:

```
C:\>pgp -ke cpe.imc.de
Pretty Good Privacy(tm) 2.6.3i - Public-key-Verschlüsselung für die Massen.
(c) 1990-96 Philip Zimmermann, Phil's Pretty Good Software. 1996-01-18
Internationale Version - nicht in den USA verwenden! Benutzt nicht
RSAREF.
Aktuelles Datum und Uhrzeit: 1997/04/30 13:54 GMT

Der private Schlüsselbund wurde aktualisiert.
Das Mantra ist richtig.
Einen Augenblick, bitte....
Der Schlüssel wurde mit Deiner Unterschrift beglaubigt.
Der öffentliche Schlüsselbund wurde aktualisiert.
```

Die Änderungen können mit dem Befehl **pgp -kv cpe.imc.de** auf dem Bildschirm überprüft werden:

```
C:\>pgp -kv Carl
Pretty Good Privacy(tm) 2.6.3i - Public-key-Verschlüsselung für die Massen.
(c) 1990-96 Philip Zimmermann, Phil's Pretty Good Software. 1996-01-18
Internationale Version - nicht in den USA verwenden! Benutzt nicht
RSAREF.
Aktuelles Datum und Uhrzeit: 1997/04/30 13:54 GMT
```

```
Schlüsselbund 'c:\pgp\pubring.pgp':
Suche nach Benutzer-ID "carl":
Typ  Bits/ID     Datum     Benutzer
öff  512/439FA4D9 1997/04/30 Carl
Es wurde ein passender Schlüssel gefunden.
```

21.2.7 Sperren und Freigeben eines öffentlichen Schlüssels

Mit PGP kann ein öffentlicher Schlüssel an einem öffentlichen Schlüsselbund gesperrt oder freigegeben werden.

Der Befehl dazu lautet: **pgp -kd Benutzer-ID**

Um den Schlüssel von Philip R. Zimmermann beispielsweise zu sperren, ist folgender Befehl notwendig: **pgp -kd „Philip R. Zimmermann“**

Auf dem Bildschirm erfolgt die Meldung:

```
C:\>pgp -kd "Philip R. Zimmermann"
Pretty Good Privacy(tm) 2.6.3i - Public-key-Verschlüsselung für die Massen.
(c) 1990-96 Philip Zimmermann, Phil's Pretty Good Software. 1996-01-18
Internationale Version - nicht in den USA verwenden!  Benutzt nicht
RSAREF.
Aktuelles Datum und Uhrzeit: 1997/05/02 12:09 GMT
Schlüssel für Benutzer-ID "Philip R. Zimmermann <prz@acm.org>",
1024-Bit-Schlüssel, Schlüssel-ID: C7A966DD, erzeugt am: 1993/05/21.
Soll dieser Schlüssel gesperrt werden? (j/N)
```

Geben Sie bitte ein: **J**

Damit ist der Schlüssel von Philip R. Zimmermann gesperrt.

Um sich von der Sperrung des öffentlichen PGP-Schlüssels zu überzeugen, wird der folgende Befehl eingegeben: **pgp -kv „Philip R. Zimmermann“**

Auf dem Bildschirm erscheint die Meldung:

```
C:\>pgp -kv "Philip R. Zimmermann"
Pretty Good Privacy(tm) 2.6.3i - Public-key-Verschlüsselung für die Massen.
(c) 1990-96 Philip Zimmermann, Phil's Pretty Good Software. 1996-01-18
Internationale Version - nicht in den USA verwenden!  Benutzt nicht
RSAREF.
```

```
Aktuelles Datum und Uhrzeit: 1997/05/02 12:18 GMT
Schlüsselbund 'c:\pgp\pubring.pgp':
Suche nach Benutzer-ID "Philip R. Zimmermann":
Typ  Bits/ID      Datum      Benutzer
öff- 1024/C7A966DD 1993/05/21 Philip R. Zimmermann <prz@acm.org>
Es wurde ein passender Schlüssel gefunden.
```

Die Sperrung des öffentlichen PGP-Schlüssels von Philip R. Zimmermann ist erkennbar an dem Minuszeichen hinter der Bezeichnung öff-. Um den Schlüssel wieder freizugeben, ist der Befehl **pgp -kd „Philip R. Zimmermann“** notwendig.

Auf dem Bildschirm erscheint:

```
C:\>pgp -kd "Philip R. Zimmermann"
Pretty Good Privacy(tm) 2.6.3i - Public-key-Verschlüsselung für die Massen.
(c) 1990-96 Philip Zimmermann, Phil's Pretty Good Software. 1996-01-18
Internationale Version - nicht in den USA verwenden!  Benutzt nicht
RSAREF.
Aktuelles Datum und Uhrzeit: 1997/05/02 12:14 GMT
Schlüssel für Benutzer-ID "Philip R. Zimmermann <prz@acm.org>",
1024-Bit-Schlüssel, Schlüssel-ID: C7A966DD, erzeugt am: 1993/05/21.
Der Schlüssel ist gesperrt.
Dieser Schlüssel ist schon gesperrt.
Möchtest Du ihn wieder freigeben? (j/N)
```

Geben Sie bitte ein: **J**

Der Schüssel ist nun wieder freigegebenen. Davon kann man sich durch Eingabe des Befehls **pgp -kv „Philip R. Zimmermann“** überzeugen.

Auf dem Bildschirm erscheint:

```
C:\>pgp -kv "Philip R. Zimmermann"
Pretty Good Privacy(tm) 2.6.3i - Public-key-Verschlüsselung für die Massen.
(c) 1990-96 Philip Zimmermann, Phil's Pretty Good Software. 1996-01-18
Internationale Version - nicht in den USA verwenden!  Benutzt nicht
RSAREF.
Aktuelles Datum und Uhrzeit: 1997/05/02 12:16 GMT
Schlüsselbund 'c:\pgp\pubring.pgp':
Suche nach Benutzer-ID "Philip R. Zimmermann":
Typ  Bits/ID      Datum      Benutzer
```

```
öff 1024/C7A966DD 1993/05/21 Philip R. Zimmermann <prz@acm.org>
Es wurde ein passender Schlüssel gefunden.
```

Das Minuszeichen hinter **öff** ist verschwunden, der öffentliche Schlüssel von Philip R. Zimmermann kann wieder verwendet werden.

21.2.8 Zurückziehen eines Schlüssels

Es kann der Fall eintreten, daß eine unautorisierte Person Ihr geheimes Paßwort auf einer Notiz gefunden hat oder von Ihrem Computer den geheimen Schlüssel kopiert hat. Dieser Fall ist vergleichbar mit dem Verlust eines Zentralschlüssels bei eine großen Wohnanlage mit vielen Appartements.

Mit PGP kann ein Schlüssel zurückgezogen werden. Dieser Schlüsselrückruf muß jedoch an alle Kommunikationspartner verschickt werden.

Der Befehl für das Zurückziehen eines Schlüssels lautet: **pgp -kd Benutzer-ID**

In diesem Fall bezieht sich der Schlüsselrückruf auf die eigene ID. Gehen wir in dem nachstehenden Beispiel davon aus, das die eigene ID sop.imc.de lautet. Der Befehl zum Zurückziehen des Schlüssels lautet dann: **pgp -kd sop.imc.de**

Auf dem Bildschirm erscheint:

```
C:\>pgp -kd sop.imc.de
Pretty Good Privacy(tm) 2.6.3i - Public-key-Verschlüsselung für die Massen.
(c) 1990-96 Philip Zimmermann, Phil's Pretty Good Software. 1996-01-18
Internationale Version - nicht in den USA verwenden! Benutzt nicht
RSAREF.
Aktuelles Datum und Uhrzeit: 1997/05/02 12:37 GMT
Schlüssel für Benutzer-ID "sop.imc.de",
512-Bit-Schlüssel, Schlüssel-ID: 2DA6D2A5, erzeugt am: 1997/04/30.
Willst Du Deinen öffentlichen Schlüssel wirklich durch das Versenden
einer Widerrufs-Urkunde für "sop.imc.de"
zurückziehen, d.h. für ungültig erklären? (j/N)
```

Geben Sie bitte ein: **J**

Der Bildschirm zeigt nun die Eingabeaufforderung:

```
C:\>pgp -kd sop.imc.de
Pretty Good Privacy(tm) 2.6.3i - Public-key-Verschlüsselung für die Massen.
(c) 1990-96 Philip Zimmermann, Phil's Pretty Good Software. 1996-01-18
Internationale Version - nicht in den USA verwenden!  Benutzt nicht
RSAREF.
Aktuelles Datum und Uhrzeit: 1997/05/02 12:37 GMT
Du brauchst ein Mantra, um Deinen privaten RSA-Schlüssel zu benutzen.
Schlüssel für Benutzer-ID "sop.imc.de",
512-Bit-Schlüssel, Schlüssel-ID: 2DA6D2A5, erzeugt am: 1997/04/30.
Gib das Mantra ein:
```

Geben Sie bitte ein: **Hund**

PGP bestätigt Ihnen nun, daß der selbst erstellte Schlüssel unter der Benutzer-ID sop.imc.de mit dem Paßwort Hund zurückgezogen wird.

```
C:\>pgp -kd sop.imc.de
Pretty Good Privacy(tm) 2.6.3i - Public-key-Verschlüsselung für die Massen.
(c) 1990-96 Philip Zimmermann, Phil's Pretty Good Software. 1996-01-18
Internationale Version - nicht in den USA verwenden!  Benutzt nicht
RSAREF.
Aktuelles Datum und Uhrzeit: 1997/05/02 12:37 GMT

Das Mantra ist richtig.
Einen Augenblick, bitte....
Die Urkunde zum Zurückziehen des Schlüssels wurde erzeugt.
```

Wenn Sie nun den Befehl **pgp -kv** eingeben, sehen Sie, daß der öffentliche Schlüssel sop.imc.de zurückgezogen worden ist.

```
C:\>pgp -kv
Pretty Good Privacy(tm) 2.6.3i - Public-key-Verschlüsselung für die Massen.
(c) 1990-96 Philip Zimmermann, Phil's Pretty Good Software. 1996-01-18
Internationale Version - nicht in den USA verwenden!  Benutzt nicht
RSAREF.
Aktuelles Datum und Uhrzeit: 1997/05/02 12:47 GMT
Schlüsselbund 'c:\pgp\pubring.pgp':
Typ  Bits/ID           Datum     Benutzer
```

```
öff  512/37EB0C35  1997/04/30 far.imc.de
öff  512/439FA4D9  1997/04/30 cpe.imc.de
                              Carl
öff  512/2DA6D2A5  1997/04/30 *** ZURÜCKGEZOGEN ***
                              sop.imc.de
öff- 1024/C7A966DD            1993/05/21 Philip R. Zimmermann
<prz@acm.org>
öff  1024/0DBF906D  1994/08/27 Jeffrey I. Schiller <jis@mit.edu>
Es wurden 5 passende Schlüssel gefunden.
```

21.3 Verschlüsseln einer Datei

Mit dem öffentlichen Schlüssel von PGP lassen sich Dateien für einen oder mehrere Empfänger verschlüsseln. Der Befehl zur Verschlüsselung einer Datei lautet folgendermaßen: **pgp -e Dateiname Benutzer-ID des Empfängers**

Als Beispiel verschlüsseln wir die Datei Angebot so, daß nur der Kollege mit der Benutzer-ID far.imc.de die Datei entschlüsseln und verwenden kann.

Geben Sie bitte ein: **C:\PGP>pgp -e angebot far.imc.de**

Der Bildschirm zeigt:

```
Pretty Good Privacy(tm) 2.6.3i - Public-key-Verschlüsselung für die Massen.
(c) 1990-96 Philip Zimmermann, Phil's Pretty Good Software. 1996-01-18
Internationale Version - nicht in den USA verwenden!  Benutzt nicht
RSAREF.
Aktuelles Datum und Uhrzeit: 1997/05/02 13:08 GMT
Verschlüsselung mit Empfänger-Schlüssel(n).
Schlüssel für Benutzer-ID "far.imc.de",
512-Bit-Schlüssel, Schlüssel-ID: 37EB0C35, erzeugt am: 1997/04/30.
Verschlüsselte Datei: ANGEBOT.PGP
```

Die Datei Angebot ist nun so verschlüsselt worden, daß sie nur der Empfänger mit der Benutzer-ID far.imc.de mit seinem geheimen PGP-Schlüssel entschlüsseln kann. Die Datei hat nunmehr den Zusatz Angebot.pgp erhalten.

Die Datei Angebot kann auch so verschlüsselt werden, daß mehrere Empfänger sie mit ihren geheimen Schlüsseln entschlüsseln können. Der Befehl dazu lautet: **pgp e ANGEBOT Benutzer-ID Benutzer-ID 2**

Um ein Beispiel zu zeigen, verschlüsseln wir das Dokument Angebot an pe.imc.de und far.imc.de. Geben Sie bitte ein: **pgp -e ANGEBOT cpe.imc.de far. imc.de**

Auf dem Bildschirm erscheint die Meldung:

```
C:\PGP>pgp -e ANGEBOT cpe.imc.de far. imc.de
Pretty Good Privacy(tm) 2.6.3i - Public-key-Verschlüsselung für die Massen.
(c) 1990-96 Philip Zimmermann, Phil's Pretty Good Software. 1996-01-18
Internationale Version - nicht in den USA verwenden! Benutzt nicht
RSAREF.
Aktuelles Datum und Uhrzeit: 1997/05/02 13:15 GMT
Verschlüsselung mit Empfänger-Schlüssel(n).
Schlüssel für Benutzer-ID "cpe.imc.de",
512-Bit-Schlüssel, Schlüssel-ID: 439FA4D9, erzeugt am: 1997/04/30.
Alternative Benutzer-ID: Carl
Schlüssel für Benutzer-ID "far.imc.de",
512-Bit-Schlüssel, Schlüssel-ID: 37EB0C35, erzeugt am: 1997/04/30.
Verschlüsselte Datei: ANGEBOT.PGP
```

Die Datei Angebot ist nun so verschlüsselt worden, daß sie von den Empfängern mit der Benutzer-ID cpe.imc.de oder far.imc.de entschlüsselt werden kann. Mit diesem Befehl kann man sich auch eine verschlüsselte Kopie der eigenen Ausgangspost machen, wenn man zu seinem geheimen Schlüssel zum Beispiel die Benutzer-ID Archiv generiert und hinzufügt sowie diese Benutzer-ID als Empfänger angibt.

21.3.1 Erstellung einer ASCII-Datei für E-Mail

Der beste Weg zur Versendung von verschlüsselten Nachrichten ist die E-Mail. Das Internet arbeitet ohne Sonn- und Feiertage rund um die Uhr. Für die E-Mail ist nicht der Gang zum Briefkasten notwendig. Es genügt in der Regel der Zugriff auf den PC.

Da einige E-Mail Systeme heikel in der Handhabung und im Versand von Dateien wie zum Beispiel Original-Word-Dokumenten sind, ist es sinnvoll, die zu versendende Datei in den ASCII-Code zu verwandeln. ASCII-Code bedeutet American Standard Code for Exchanging Information. Mit diesem Code lassen sich nahzu alle in der Korrespondenz verwendeten Zeichen und Kommandobefehle darstellen. PGP kann ohne Probleme Dateien aus WinWord, Excel, Corel Draw oder andere Dateien in das ASCII-Format verwandeln.

21.3.2 Verschlüsselung einer Nachricht für E-Mail

Um eine Nachricht für die E-Mail-Übertragung vorzubereiten, ist die ASCII-Armor Routine von PGP notwendig.

Der Befehl dazu lautet: **pgp -ea Dateiname Benutzer-ID des Empfängers**

In unserem Beispiel erstellen wir ein ASCII-File der Datei Angebot für den Versand durch E-Mail an den Empfänger far.imc.de.

Der Befehl dazu lautet: **pgp -ea ANGEBOT far.imc.de**

Der Bildschirm bringt die Meldung:

```
C:\PGP>pgp -ea ANGEBOT far.imc.de
Pretty Good Privacy(tm) 2.6.3i - Public-key-Verschlüsselung für die Massen.
(c) 1990-96 Philip Zimmermann, Phil's Pretty Good Software. 1996-01-18
Internationale Version - nicht in den USA verwenden!  Benutzt nicht
RSAREF.
Aktuelles Datum und Uhrzeit: 1997/05/02 13:35 GMT

Verschlüsselung mit Empfänger-Schlüssel(n).
Schlüssel für Benutzer-ID "far.imc.de",
512-Bit-Schlüssel, Schlüssel-ID: 37EB0C35, erzeugt am: 1997/04/30.

Dateiname der Versandhülle: ANGEBOT.asc
```

PGP hängt die Endung ASC an den Dateinamen Angebot an, um die ASCII-Codierung der verschlüsselten Datei kenntlich zu machen.

In der Textverarbeitung betrachtet, sieht die Datei Angebot.asc wie folgt aus:


```
-----BEGIN PGP MESSAGE-----
Version: 2.6.3i
hEwDeVT26zfrDDUBAgCOVXAmUc1rZ9OKzIZ9qqr1C76LoplvkaxUvhH
3PD6o3EFf
wOjL/mYPsyrZY51f5RRgndIJsmnNILAGfIPNQXj6pgAABs2QTGD4nZ0
teuEpuVg1
+ly8qSBvnJbUcu9dM2RajLkuSnpjnvurS/W+jKsZgOyVT6duiwQbcbu
bnyOJX4su UOMziImbtkGQe-
ApfHvVbedSw6rNuyK67HxXtaY16m2+7Bvdckqx9n51DAxNp0Dp2
jxNx4a8dv2zsBsKsFzYxPIYgGyXA7aUqExKqxOOydliMZZJOqv4I7/y
Ha7YOmmgX
```

```
3sbKEmRW+E2WUrdhO3ZVtxXajMvGWTUtZXGeCt4C5lRm8wyqXDWc423
b4Lb98LPh
M4Lgzri80DwOlkNpDsq55uJhu2UyLO4XJ73mZg9P8Yxc6WjF8RB91hU
oGf+xROT5
T5ArABY01sLpljl/bRB2pD4thiW3Bkw6oiHxLgqg010J+6OzdUrf3BZ
xXHdEgDeU =a+Tc
-----END PGP MESSAGE-----
```


Die BEGIN PGP Message im Kopfteil weist den Empfänger der Datei eindeutig darauf hin, daß es sich um den Anfang einer PGP-Nachricht in ASCII-Code handelt.

21.3.3 Hinzufügen eines Empfänger-Hinweises vor der PGP-Nachricht

PGP bietet die Möglichkeit, vor der verschlüsselten Nachricht Hinweise zu setzen. Der Befehl dazu lautet:
pgp ea +"comment"="Hinweistext" Dateiname Benutzer-ID des Empfängers

In unserem Beispiel geben wir dem Dokument Angebot einen Hinweis „Das ist eine GL Information" mit.

Geben Sie bitte ein:
pgp -ea +comment="Das ist eine GL Information" ANGEBOT far.imc.de

Auf dem Bildschirm erscheint:

```
C:\PGP>pgp -ea +comment="Das ist eine GL Information" ANGEBOT
far.imc.de
Pretty Good Privacy(tm) 2.6.3i - Public-key-Verschlüsselung für die Massen.
(c) 1990-96 Philip Zimmermann, Phil's Pretty Good Software. 1996-01-18
Internationale Version - nicht in den USA verwenden!  Benutzt nicht
RSAREF.
Aktuelles Datum und Uhrzeit: 1997/05/02 13:45 GMT

Verschlüsselung mit Empfänger-Schlüssel(n).
Schlüssel für Benutzer-ID "far.imc.de",
512-Bit-Schlüssel, Schlüssel-ID: 37EB0C35, erzeugt am: 1997/04/30.
Dateiname der Versandhülle: angebot2.asc
```

Mit der Textverarbeitung läßt sich der Zusatz lesen:

```
-----BEGIN PGP MESSAGE-----
Version: 2.6.3i
Comment: Das ist eine GL Information
hEwDeVT26zfrDDUBAf0TGozSXCbV1Q7APnrdA6GeI0tgK09xQ0NJh6x
ifTdJ73fc 6qF4DZUA+5LjWpq =ujsc
-----END PGP MESSAGE-----
```

Der Vergleich der verschlüsselten Texte der Datei Angebot ohne und mit Kommentar zeigt, daß die Zeichen der beiden Texte völlig unterschiedlich sind. PGP erzeugt kein Dokument mit denselben Zeichen wie ein anderes.

21.3.4 Elektronisches Unterschreiben einer Nachricht mit dem geheimen Schlüssel

Mit PGP läßt sich mit Hilfe des geheimen Schlüssels eine Nachricht unterschreiben. Das ist eine zusätzliche Sicherheitsmaßnahme, wenn zum Beispiel eine Diskette mit sensiblen Daten versendet werden soll.

Der Befehl dazu lautet: **pgp -s Dateiname -u Benutzer-ID**

Der Anwender cpe.imc.de unterschreibt nun beispielsweise die Datei Angebot mit seinem geheimen Schlüssel: **pgp -s ANGEBOT -u cpe.imc.de**

Auf dem Bildschirm erscheint die Aufforderung:

```
C:\PGP>pgp -s ANGEBOT  -u cpe.imc.de
Pretty Good Privacy(tm) 2.6.3i - Public-key-Verschlüsselung für die Massen.
(c) 1990-96 Philip Zimmermann, Phil's Pretty Good Software. 1996-01-18
Internationale Version - nicht in den USA verwenden!  Benutzt nicht
RSAREF.
Aktuelles Datum und Uhrzeit: 1997/05/02 13:58 GMT
Für eine Unterschrift wird ein privater Schlüssel benötigt.
Du brauchst ein Mantra (Paßwort), um Deinen privaten RSA-Schlüssel zu be-
nutzen.
Schlüssel für Benutzer-ID "cpe.imc.de",
512-Bit-Schlüssel, Schlüssel-ID: 439FA4D9, erzeugt am: 1997/04/30.
Gib das Mantra (Paßwort) ein:
```

Geben Sie bitte ein: **Maus**

PGP bestätigt nun die Richtigkeit des Paßwortes (Mantra) und meldet die Erstellung der Unterschriftsdatei Angebot.pgp.

```
C:\PGP>pgp -s ANGEBOT  -u cpe.imc.de
Pretty Good Privacy(tm) 2.6.3i - Public-key-Verschlüsselung für die Massen.
(c) 1990-96 Philip Zimmermann, Phil's Pretty Good Software. 1996-01-18
Internationale Version - nicht in den USA verwenden!  Benutzt nicht
RSAREF.
Aktuelles Datum und Uhrzeit: 1997/05/02 13:58 GMT
Das Mantra ist richtig.
Einen Augenblick, bitte....
Unterschriftsdatei: ANGEBOT.PGP
```

Die Datei Angebot.pgp hat mit diesem Unterschriftsverfahren zwar die Endung pgp erhalten, ist jedoch nicht verschlüsselt.

21.3.5 Verschlüsseln und Löschen einer Klartextdatei durch Überschreiben

Nur wenigen PC-Benutzern ist bewußt, daß der Befehl zum Löschen einer Datei zum Beispiel mit dem Dateimanager die Datei nicht physisch von der Festplatte oder Diskette entfernt. Durch den Befehl Datei löschen wird lediglich die logische Verbindung zwischen Datenträgerverzeichnis und physischem Speicherort zerstört. Die Datei ist nach dem logischen Löschvorgang nach wie vor auf dem Datenträger und kann von Profis ohne große Probleme mit speziellen Programmen wieder lesbar gemacht werden. Dies ist ein ernsthaftes Sicherheitsproblem, über das sich die wenigsten Benutzer im klaren sind.

Um dieses Problem wenigstens teilweise zu lösen, bietet PGP eine Möglichkeit an, mit der die physischen Stellen, an der sich die logisch gelöschte Datei befindet, überschrieben werden kann. PGP schreibt zufällig generierte Zeichen über die Stellen, auf denen sich die Zeichen der logisch gelöschten Datei befinden. Ein hohes Maß an Gewißheit, daß die Daten tatsächlich auch von Profis nicht mehr lesbar gemacht werden können, bietet nur die magnetische Löschung oder das Vernichten der Datenträger.

Der Befehl für diese Routine lautet: **pgp ew Dateiname Benutzer-ID**

Um dieses Beispiel zu testen, erstellen wir eine Datei, die wir unter dem Namen CONTROL im Verzeichnis PGP speichern. Diese Datei kann eine beliebige Datei sein, zum Beispiel eine WinWord- oder eine Excel-Datei.

Um die Datei zu verschlüsseln und gleichzeitig die Klarschriftdatei zu löschen, geben wir den folgenden Befehl ein: **pgp -ew CONTROL far.imc.de**

Auf dem Bildschirm erscheint:

```
C:\PGP>pgp -ew control.txt far.imc.de
Pretty Good Privacy(tm) 2.6.3i - Public-key-Verschlüsselung für die Massen.
(c) 1990-96 Philip Zimmermann, Phil's Pretty Good Software. 1996-01-18
Internationale Version - nicht in den USA verwenden! Benutzt nicht
RSAREF.
Aktuelles Datum und Uhrzeit: 1997/05/05 11:15 GMT

Verschlüsselung mit Empfänger-Schlüssel(n).
.
Verschlüsselte Datei: CONTROL.PGP
Die Datei 'control.txt' wurde überschrieben und gelöscht.
```

PGP hat mit diesem Befehl die verschlüsselte Datei CONTROL.PGP generiert und sofort danach die Datei CONTROL auf der Festplatte oder Diskette gelöscht und überschrieben.

21.3.6 Verschlüsselung und Konvertieren von Dateien

Unterschiedliche Betriebssysteme von Computern können abweichende Zeilenaufteilungen von ASCII-Zeichen haben. Damit können Probleme mit dem Zeilenumbruch zum Beispiel bei der Versendung von einem UNIX-Rechner an einen Macintosh-Rechner entstehen.

PGP kann diese Problematik lösen mit dem Befehl **pgp -et Dateiname.txt Benutzer-ID des Empfängers** lösen.

Als Beispiel verwenden wir die Datei CONTROL.TXT und geben den folgenden Befehl ein: **pgp -et CONTROL.TXT**

Auf dem Bildschirm erscheint:

```
C:\PGP>pgp -et pers.txt far.imc.de
Pretty Good Privacy(tm) 2.6.3i - Public-key-Verschlüsselung für die Massen.
(c) 1990-96 Philip Zimmermann, Phil's Pretty Good Software. 1996-01-18
Internationale Version - nicht in den USA verwenden! Benutzt nicht
RSAREF.
Aktuelles Datum und Uhrzeit: 1997/05/05 11:28 GMT
```

```
Verschlüsselung mit Empfänger-Schlüssel(n).
Schlüssel für Benutzer-ID "far.imc.de",
512-Bit-Schlüssel, Schlüssel-ID: 37EB0C35, erzeugt am: 1997/04/30.
Verschlüsselte Datei: PERS.PGP
```

Mit dieser Maßnahme wird die übermittelte Nachricht auf dem Rechner des Empfängers so formatiert, daß die Zeilenumbrüche und Vorschübe an der richtigen Stelle sitzen.

21.3.7 Kombination von PGP-Befehlen

Die verschiedenen Befehle zu Verschlüsselung von Dateien oder ASCII-Texten mit PGP lassen sich kombinieren. Der Befehl **pgp -ea Dateiname Benutzer-ID** umfaßt beispielsweise die Anweisung **-e** für verschlüsseln und **a** für ASCII-Code.

21.4 Entschlüsseln einer Datei

Für die Entschlüsselung von Dateien, die mit dem Zweischlüsselverfahren von PGP verschlüsselt worden sind, brauchen Sie drei Komponenten:

- Ihren öffentlichen Schlüssel (in diesem Falle Ihren eigenen),
- Ihren privaten Schlüssel,
- Ihr Paßwort.

21.4.1 Empfang einer verschlüsselten Datei auf Diskette

Wenn Sie eine Diskette erhalten, auf der eine PGP-Datei enthalten ist, so kann PGP Ihnen die Informationen geben, welche Daten für die Entschlüsselung notwendig sind.

Schieben Sie die Diskette in Ihren PC, und wechseln Sie auf das Diskettenlaufwerk A:. Stellen Sie mit Hilfe des Befehls **dir /p** fest, wie die Datei heißt. Geben Sie nun den PGP-Befehl **pgp Dateiname** ein. In unserem Beispiel lautet der Dateiname: **pgp.angebot**

Der Bildschirm zeigt Ihnen folgende Meldung:

```
C:\PGP>pgp angebot
Pretty Good Privacy(tm) 2.6.3i - Public-key-Verschlüsselung für die Massen.
(c) 1990-96 Philip Zimmermann, Phil's Pretty Good Software. 1996-01-18
Internationale Version - nicht in den USA verwenden! Benutzt nicht
RSAREF.
```

```
Aktuelles Datum und Uhrzeit: 1997/05/05 12:27 GMT
Die Datei ist verschlüsselt. Zum Lesen wird der private Schlüssel benötigt.
Schlüssel für Benutzer-ID "far.imc.de",
512-Bit-Schlüssel, Schlüssel-ID: 37EB0C35, erzeugt am: 1997/04/30.
Du brauchst ein Mantra (Paßwort), um Deinen privaten RSA-Schlüssel zu be-
nutzen.
Gib das Mantra ein:
```

Die erste Information von PGP ist, daß es sich um eine Datei handelt. Diese Datei ist mit dem öffentlichen Schlüssel des Benutzers far.imc.de verschlüsselt. Das Paßwort von far.imc.de lautet Katze.

Geben Sie bitte ein: **Katze**

Auf dem Bildschirm erscheint die Meldung:

```
C:\PGP>pgp angebot
Pretty Good Privacy(tm) 2.6.3i - Public-key-Verschlüsselung für die Massen.
(c) 1990-96 Philip Zimmermann, Phil's Pretty Good Software. 1996-01-18
Internationale Version - nicht in den USA verwenden! Benutzt nicht
RSAREF.
Aktuelles Datum und Uhrzeit: 1997/05/05 12:27 GMT
Die Datei ist verschlüsselt. Zum Lesen wird der private Schlüssel benötigt.
Schlüssel für Benutzer-ID "far.imc.de",
512-Bit-Schlüssel, Schlüssel-ID: 37EB0C35, erzeugt am: 1997/04/30.
Das Mantra ist richtig.
Einen Augenblick, bitte......
Dateiname des Klartextes: angebot
```

PGP hat im Verzeichnis PGP eine Klartextdatei mit dem Namen ANGEBOT erstellt. Mit der Textverarbeitung läßt sich dieser Text anzeigen:

> **Staatskomitee für Nahrungsmittelindustrie der Ukraine an Wirtschaftsministerium der Ukraine**
>
> Die Betriebe des Staatskomitees für Nahrungsmittelindustrie der Ukraine unterzeichneten eine Reihe von Vereinbarungen mit den deutschen Firmen über den Einkauf der Ausrüstung auf Rechnung der deutschen Kreditlinie. (Anlage 1)
>
> Außerdem ist eine Absichtserklärung zwischen dem Werk für Erfrischungsgetränke in Odessa und der deutschen Brauerei „xxxxx“ in

„xxxx“, über den Einkauf der Ausrüstung für die Gesamtsumme von 1,1 Mio. DM unterzeichnet.

Die angegebenen Betriebe sind interessiert, die Kredite zu bekommen, aber es ist zu bemerken, daß die Zinsen für die Kreditnutzung, insbesondere der Versicherungsbeitrag, dafür sehr hoch sind.

Anbei die Liste der Unternehmen der Verarbeitungsindustrie, die an den ausländischen Investitionen interessiert sind (Anlage 2).

21.4.2 Empfang eines öffentlichen Schlüssels auf Diskette

Nehmen wir an, Sie haben von einem Kollegen eine Diskette mit seinem öffentlichen Schlüssel erhalten. Die Datei mit dem öffentlichen PGP-Schlüssel hat in diesem Beispiel den Namen DRH.

Geben Sie bitte ein: **pgp drh**

Auf dem Bildschirm erscheint:

```
A:\>pgp drh
Pretty Good Privacy(tm) 2.6.3i - Public-key-Verschlüsselung für die Massen.
(c) 1990-96 Philip Zimmermann, Phil's Pretty Good Software. 1996-01-18
Internationale Version - nicht in den USA verwenden!  Benutzt nicht
RSAREF.
Aktuelles Datum und Uhrzeit: 1997/05/05 12:50 GMT
Diese Datei enthält einen oder mehrere Schlüssel. Hier kommt die Liste:
Schlüsselbund 'drh.$00':
Typ  Bits/ID          Datum        Benutzer
öff  1024/BD37C619 1996/05/16   drh.imc.de
Unt    BD37C619                 drh.imc.de
Es wurde ein passender Schlüssel gefunden.
Willst Du die Schlüssel dieser Datei zum Schlüsselbund
'C:\PGP\secring.pgp' hinzufügen? (j/N)
```

Wenn Sie diesen Schlüssel Ihrem öffentlichen Schlüsselbund hinzufügen wollen, so geben Sie ein: **J**

Der öffentliche Schlüssel des Kollegen mit der Benutzer-ID drh.imc.de wurde Ihrem öffentlichen Schlüsselbund hinzugefügt.

21.4.3 Empfang einer Datei auf Diskette, die eine elektronische Unterschrift trägt

Nehmen wir an, Sie haben von einem Kollegen eine Diskette mit einer Datei erhalten, die von ihm mit einer elektronischen Unterschrift versehen worden ist. Die Datei hat den Namen siegel.pgp.

Geben Sie den Befehl ein: **pgp siegel**

Auf dem Bildschirm erscheint:

```
A:\>pgp siegel
Pretty Good Privacy(tm) 2.6.3i - Public-key-Verschlüsselung für die Massen.
(c) 1990-96 Philip Zimmermann, Phil's Pretty Good Software. 1996-01-18
Internationale Version - nicht in den USA verwenden! Benutzt nicht
RSAREF.
Aktuelles Datum und Uhrzeit: 1997/05/05 13:10 GMT
.
Diese Datei trägt eine Unterschrift.
Zur Überprüfung wird der öffentliche Schlüssel benötigt.
.
BESTÄTIGTE Unterschrift von "far.imc.de",
Unterschrift erzeugt am 1997/05/05 13:08 GMT mit 512-Bit-Schlüssel
0x37EB0C35.
Dateiname des Klartextes: siegel
```

Damit läßt sich verifizieren, daß der Benutzer mit der Benutzer-ID far.imc.de diese Datei auf der Diskette elektronisch unterschrieben hat.

21.4.4 Entschlüsselung von E-Mail

Bei der Entschlüsselung von E-Mail ist zu berücksichtigen, daß PGP nach formalen Bezeichnungen sucht, die eindeutig Daten bezeichnen, die mit PGP verschlüsselt worden sind. Diese Bezeichnungen lauten:

- --BEGIN PGP--
- Die Versionsnummer
- Die verschlüsselten Zeichen
- --END PGP MESSAGE--

Diese formalen Zeichen sind wie in dem nachfolgenden typischen Beispiel einer E-Mail wie folgt angeordnet:

```
Received: from aviion.ts.kiev.ua ([193.124.229.12]) by mail.space.net with
SMTP id <29843-5750>; Wed, 16 Apr 1997 09:24:56 +0200
Received: from walcon.UUCP by aviion.ts.kiev.ua with UUCP id HAA12393;
 (8.6.11/zah/2.1) Wed, 16 Apr 1997 07:59:41 GMT
Received: by walcon.kiev.ua (UUPC/@ v5.09gamma, 14Mar93);
        Wed, 16 Apr 1997 09:14:13 +0400
To: im1@imc.de
Message-Id: <AAb06LpyV3@walcon.kiev.ua>
Organization: Walcon ltd
From: "Peter A. Zymbaljuk" <office@walcon.kiev.ua>
Date: Wed, 16 Apr 97 09:14:13 +0400 (MSD)
Return-Receipt-To: office@walcon.kiev.ua
X-Mailer: dMail (Demos Mail v1.13a)
Subject: Donauer/K0409
Lines: 70
Status:
-----BEGIN PGP MESSAGE-----
Version: 2.6.3i
hIwDliKn2/EnShEBA/0WbNVlE/rrJWmrxYnaVQMThgbBXc5YzPG5hVjQ
KbNnrH4J
VGTaXtzRbJQD081buKAzIkGevkImf2zg3f7aKTzrKtGLPt0kcUV6bUHhcS
V2gvE3
4mMRk1ZIunCNIu9lDCR00yaKwkwlbHG/KhI8VoaWN3+vuDUM9uW5xk
AhkbEs1BpO
1GENROkMAq4kWIZyaScZBzBLr9tsaA==
=K4AB
-----END PGP MESSAGE-----
```

Aus dem Mail-Programm sollte die PGP-Nachricht unter dem Namen MAILnnn.asc in ein Verzeichnis kopiert werden. Dieses Verzeichnis kann zum Beispiel den Namen MAIL-IN tragen. Die Nachricht kann mit dem Befehl **pgp mail001.asc** unter Angabe des Paßwortes mit dem öffentlichen Schlüssel des Empfängers entschlüsselt werden. Wenn keine Angabe erfolgt, so schreibt PGP die Klartextdatei in dasselbe Verzeichnis, in dem sich die verschlüsselte Datei befand. Soll die Datei in eine anderes Verzeichnis geschrieben werden, so ist der Befehl **pgp mail001.asc -o Verzeichnisname** notwendig.

21.4.5 Verschlüsselung und Entschlüsselung einer Datei ohne Klartextdatei

PGP bietet eine zusätzliche Maßnahme, Dateien vor neugierigen Augen zu schützen. Wenn eine Nachricht entschlüsselt wurde, so ist es leicht möglich, daß diese Nachricht im Klartext auf dem Bildschirm des PC vergessen wird. Als Vorsichtsmaßnahme gegen diese Nachlässigkeit kann die Nachricht so verschlüsselt werden, daß sie nur mit dem geheimen Paßwort auf dem Bildschirm sichtbar gemacht werden kann. Bei dieser Routine wird keine Datei im Klartext erstellt, die ungeschützt auf der Festplatte oder Diskette vergessen werden kann.

Der Befehl dazu lautet: **pgp -em Textdatei Benutzer-ID des Empfängers**

Als Beispiel erstellen Sie bitte mit der Textverarbeitung einen kurzen Übungstext. Schreiben Sie bitte folgenden Wortlaut: "Das ist ein Text, der nur für Ihre Augen bestimmt ist."

Speichern Sie diesen Text unter der Bezeichnung PERS.TXT im PGP Verzeichnis ab. Die Datei PERS.TXT verschlüsseln wir nun an den Empfänger far.imc.de mit dem Befehl: **pgp -em pers.txt far.imc.de**

Auf dem Bildschirm erscheint:

```
C:\PGP>pgp -em pers.txt far.imc.de
Pretty Good Privacy(tm) 2.6.3i - Public-key-Verschlüsselung für die Massen.
(c) 1990-96 Philip Zimmermann, Phil's Pretty Good Software. 1996-01-18
Internationale Version - nicht in den USA verwenden!  Benutzt nicht
RSAREF.
Aktuelles Datum und Uhrzeit: 1997/05/05 10:32 GMT

Verschlüsselung mit Empfänger-Schlüssel(n).
Schlüssel für Benutzer-ID "far.imc.de",
512-Bit-Schlüssel, Schlüssel-ID: 37EB0C35, erzeugt am: 1997/04/30.

Verschlüsselte Datei: PERS.PGP
```

Wenn die Datei mit dem Befehl **pgp pers** entschlüsselt wird, so erscheint die Frage nach dem Paßwort (Mantra) auf dem Bildschirm.

```
C:\PGP>pgp pers
Pretty Good Privacy(tm) 2.6.3i - Public-key-Verschlüsselung für die Massen.
(c) 1990-96 Philip Zimmermann, Phil's Pretty Good Software. 1996-01-18
```

```
Internationale Version - nicht in den USA verwenden! Benutzt nicht
RSAREF.
Aktuelles Datum und Uhrzeit: 1997/05/05 10:35 GMT
Die Datei ist verschlüsselt. Zum Lesen wird der private Schlüssel benötigt.
Schlüssel für Benutzer-ID "far.imc.de",
512-Bit-Schlüssel, Schlüssel-ID: 37EB0C35, erzeugt am: 1997/04/30.
Du brauchst ein Mantra, um Deinen privaten RSA-Schlüssel zu benutzen.
Gib das Mantra ein:
```

Geben Sie das Paßwort **Katze** ein.

Auf dem Bildschirm erscheint die Meldung:

```
C:\PGP>pgp pers
Pretty Good Privacy(tm) 2.6.3i - Public-key-Verschlüsselung für die Massen.
(c) 1990-96 Philip Zimmermann, Phil's Pretty Good Software. 1996-01-18
Internationale Version - nicht in den USA verwenden! Benutzt nicht
RSAREF.
Aktuelles Datum und Uhrzeit: 1997/05/05 10:35 GMT
Die Datei ist verschlüsselt. Zum Lesen wird der private Schlüssel benötigt.
Schlüssel für Benutzer-ID "far.imc.de",
512-Bit-Schlüssel, Schlüssel-ID: 37EB0C35, erzeugt am: 1997/04/30.
Das Mantra ist richtig.
Einen Augenblick, bitte......
Diese Nachricht ist als VERTRAULICH markiert! Jetzt anzeigen? (J/n)
```

Wenn Sie alleine im Raum sind und die Nachricht lesen wollen, so geben Sie **J** ein. PGP zeigt Ihnen nun die Nachricht im Klartext.

```
C:\PGP>pgp pers
Pretty Good Privacy(tm) 2.6.3i - Public-key-Verschlüsselung für die Massen.
(c) 1990-96 Philip Zimmermann, Phil's Pretty Good Software. 1996-01-18
Internationale Version - nicht in den USA verwenden! Benutzt nicht
RSAREF.
Aktuelles Datum und Uhrzeit: 1997/05/05 10:35 GMT
Hier kommt die Nachricht im Klartext:
------------------------------
Das ist ein Text, der persönlich und vertraulich ist.
Fertig... Bitte drücke eine Taste.
```

Der Text in unserem Beispiel „Das ist ein Text, der persönlich und vertraulich ist" wird nur am Bildschirm für den Empfänger sichtbar gemacht, ohne daß bei diesem Vorgang eine Klartextdatei von PGP generiert wird.

21.4.6 Digitale Unterschriften von unverschlüsselten Dateien oder Texten

Mit PGP können auch Texte oder Dateien unterschrieben werden, die in Klarschrift versendet werden sollen.

Der Befehl dazu lautet: **pgp -sat Klartextdatei -u Benutzer-ID**

Wenn eine Datei oder ein Text unterschrieben, jedoch unverschlüsselt bleiben soll, so kann das beispielsweise mit der Unterschrift von cpe.imc.de erfolgen.

Der Befehl dazu lautet: **pgp -sat OFFEN -u cpe.imc.de**

Auf dem Bildschirm erscheint die Meldung:

```
C:\PGP>pgp -sat offen.txt -u cpe.imc.de
Pretty Good Privacy(tm) 2.6.3i - Public-key-Verschlüsselung für die Massen.
(c) 1990-96 Philip Zimmermann, Phil's Pretty Good Software. 1996-01-18
Internationale Version - nicht in den USA verwenden! Benutzt nicht
RSAREF.
Aktuelles Datum und Uhrzeit: 1997/05/07 15:59 GMT
Für eine Unterschrift wird ein privater Schlüssel benötigt.
Du brauchst ein Mantra, um Deinen privaten RSA-Schlüssel zu benutzen.
Schlüssel für Benutzer-ID "cpe.imc.de",
512-Bit-Schlüssel, Schlüssel-ID: 439FA4D9, erzeugt am: 1997/04/30.
Gib das Mantra ein:
```

Geben Sie bitte ein: **Maus**

Auf dem Bildschirm folgt die Meldung:

```
C:\PGP>pgp -sat offen.txt -u cpe.imc.de
Pretty Good Privacy(tm) 2.6.3i - Public-key-Verschlüsselung für die Massen.
(c) 1990-96 Philip Zimmermann, Phil's Pretty Good Software. 1996-01-18
Internationale Version - nicht in den USA verwenden! Benutzt nicht
RSAREF.
Aktuelles Datum und Uhrzeit: 1997/05/07 15:59 GMT
Das Mantra ist richtig.
```

```
Einen Augenblick, bitte....
Dateiname der Klartext-Unterschrift: OFFEN.ASC
```

Die Datei mit dem Klartext sieht in der Textverarbeitung wie folgt aus:

-----BEGIN PGP SIGNED MESSAGE-----
Verteiler Vetrieb
Dr. Karl Müller
Hans Huber
Erna Sack
Miriam Meier
Mit sofortiger Wirkung haben wir die Zusammenarbeit mit der Agentur
Findig eingestellt. Wir bitten Sie, keine Unterlagen über unsere Aktionen in der
kommenden Saison mehr an diese Agentur weiterzugeben.
Wir bitten um eine kurze Info, daß Sie diese Nachricht erhalten haben
mfg
cpe
-----BEGIN PGP SIGNATURE-----
Version: 2.6.3i
Charset: cp850
iQBVAwUBM3Cs8nNS+mRDn6TZAQHCKwIAtGMZscvNI395SHFSmTyeDEtl
HpACvs6U
e3oXoNB92mNWYFXmNiLckSIWFS2sZPhz5IhVj0G5NWGV6lDVQ820zg==
=bN0z
-----END PGP SIGNATURE-----

Der Empfänger kann die Unterschrift des Absenders überprüfen, indem er die Datei wie folgt entschlüsselt: **pgp OFFEN.TXT.asc**

PGP meldet, ob die Unterschrift bestätigt ist:

```
C:\PGP>pgp offen.asc
Pretty Good Privacy(tm) 2.6.3i - Public-key-Verschlüsselung für die Massen.
(c) 1990-96 Philip Zimmermann, Phil's Pretty Good Software. 1996-01-18
Internationale Version - nicht in den USA verwenden! Benutzt nicht
RSAREF.
Aktuelles Datum und Uhrzeit: 1997/05/07 16:05 GMT
Diese Datei trägt eine Unterschrift.
Zur Überprüfung wird der öffentliche Schlüssel benötigt.
BESTÄTIGTE Unterschrift von "cpe.imc.de",
Unterschrift erzeugt am 1997/05/07 16:01 GMT mit 512-Bit-Schlüssel
```

```
0x439FA4D9.
Dateiname des Klartextes: offen
```

Das Schreiben von cpe.imc.de an den Empfänger far.imc.de könnte jedoch abgefangen und manipuliert worden sein. Geben Sie zu Überprüfung der Unterschrift den folgenden Befehl ein: **pgp offen.asc**

PGP meldet eine Manipulation des Dokumentes auf dem Bildschirm:

```
C:\PGP>pgp offen.asc
Pretty Good Privacy(tm) 2.6.3i - Public-key-Verschlüsselung für die Massen.
(c) 1990-96 Philip Zimmermann, Phil's Pretty Good Software. 1996-01-18
Internationale Version - nicht in den USA verwenden! Benutzt nicht
RSAREF.
Aktuelles Datum und Uhrzeit: 1997/05/07 16:31 GMT
Diese Datei trägt eine Unterschrift.
Zur Überprüfung wird der öffentliche Schlüssel benötigt.
WARNUNG: Die Unterschrift stimmt nicht mit dem Datei-Inhalt überein!
FEHLERHAFTE Unterschrift von "cpe.imc.de",
Unterschrift erzeugt am 1997/05/07 16:25 GMT mit 512-Bit-Schlüssel
0x439FA4D9.
Dateiname des Klartextes: offen
```

21.4.7 Trennung der digitalen Unterschrift von Nachrichten

Bei der Erstellung von Memoranden, die an einen festgelegten Verteiler gehen, kann es sinnvoll sein, sich den Erhalt des Memorandums von den jeweiligen Empfängern via elektronischer Unterschrift bestätigen zu lassen.

Bislang haben wir die elektronische Unterschrift nur in Verbindung mit einer Datei oder einem Dokument kennengelernt. PGP hat jedoch auch die Möglichkeit, die elektronische Unterschrift von einem Dokument zu trennen. Damit kann der Verfasser des Memorandums die Bitte mit auf den Weg geben, den Erhalt des Memorandums lediglich mit der persönlichen digitalen Unterschrift zu bestätigen. Der Befehl dazu lautet: **pgp -sb Dateiname -u Benutzer-ID**

Das folgende Memorandum soll vom Empfänger nur mit der elektronischen Signatur bestätigt werden:

```
Verteiler Vetrieb
Dr. Karl Müller
Hans Huber
```

Erna Sack
Miriam Meier

Mit sofortiger Wirkung haben wir die Zusammenarbeit mit der Agentur Findig eingestellt. Wir bitten Sie, keine Unterlagen über unsere Aktionen in der kommenden Saison mehr an diese Agentur weiterzugeben.

Wir bitten um eine kurze Info per elektronischer Signatur, das Sie diese Nachricht erhalten haben.
mfg
cpe

Der Empfänger far.imc.de kann den Erhalt des Memorandums OFFEN.TXT mit seiner elektronischen Unterschrift mit dem folgenden Befehl bestätigen: **pgp -sb MEMO.TXT -u far.imc.de**

Auf dem Bildschirm erfolgt die Meldung:

```
C:\PGP>pgp -sb offen.txt -u far.imc.de
Pretty Good Privacy(tm) 2.6.3i - Public-key-Verschlüsselung für die Massen.
(c) 1990-96 Philip Zimmermann, Phil's Pretty Good Software. 1996-01-18
Internationale Version - nicht in den USA verwenden! Benutzt nicht
RSAREF.
Aktuelles Datum und Uhrzeit: 1997/05/07 16:40 GMT
Für eine Unterschrift wird ein privater Schlüssel benötigt.
Du brauchst ein Mantra, um Deinen privaten RSA-Schlüssel zu benutzen.
Schlüssel für Benutzer-ID "far.imc.de",
512-Bit-Schlüssel, Schlüssel-ID: 37EB0C35, erzeugt am: 1997/04/30.
Gib das Mantra ein:
```

Nach Eingabe des Paßwortes **Katze** erstellt PGP eine Datei, in der nur die Unterschrift enthalten ist. Auf dem Bildschirm erscheint:

```
C:\PGP>pgp -sb offen.txt -u far.imc.de
Pretty Good Privacy(tm) 2.6.3i - Public-key-Verschlüsselung für die Massen.
(c) 1990-96 Philip Zimmermann, Phil's Pretty Good Software. 1996-01-18
Internationale Version - nicht in den USA verwenden! Benutzt nicht
RSAREF.
Aktuelles Datum und Uhrzeit: 1997/05/07 16:40 GMT
Das Mantra ist richtig.
```

```
Einen Augenblick, bitte....
Unterschriftsdatei: MEMO.SIG
```

Die Unterschrift läßt sich mit dem Befehl **pgp MEMO.SIG** überprüfen. Auf dem Bildschirm antwortet PGP:

```
C:\PGP>pgp memo.sig
Pretty Good Privacy(tm) 2.6.3i - Public-key-Verschlüsselung für die Massen.
(c) 1990-96 Philip Zimmermann, Phil's Pretty Good Software. 1996-01-18
Internationale Version - nicht in den USA verwenden! Benutzt nicht
RSAREF.
Aktuelles Datum und Uhrzeit: 1997/05/07 16:50 GMT
Diese Datei trägt eine Unterschrift.
Zur Überprüfung wird der öffentliche Schlüssel benötigt.
Die Datei 'memo.sig' enthält eine Unterschrift, aber keinen Text.
Name der Datei, zu der die Unterschrift gehört:
```

Geben Sie ein: **MEMO.TXT**

PGP meldet, daß die Unterschrift echt ist und daß Dokument und Unterschrift getrennt sind.

```
C:\PGP>pgp memo.sig
Pretty Good Privacy(tm) 2.6.3i - Public-key-Verschlüsselung für die Massen.
(c) 1990-96 Philip Zimmermann, Phil's Pretty Good Software. 1996-01-18
Internationale Version - nicht in den USA verwenden! Benutzt nicht
RSAREF.
Aktuelles Datum und Uhrzeit: 1997/05/07 16:50 GMT
BESTÄTIGTE Unterschrift von "far.imc.de",
Unterschrift erzeugt am 1997/05/07 16:50 GMT mit 512-Bit-Schlüssel
0x37EB0C35.
Unterschrift und Text sind getrennt. Es wurde keine Ausgabedatei erzeugt.
```

21.4.8 Verknüpfen von PGP-Befehlen

PGP läßt die Verknüpfung von mehreren Befehlen zu. So verknüpft der Befehl **pgp -at** die Verschlüsselung im ASCII-Code und die Formatierungserleichterung für den Rechner des Empfängers.

Ein weiteres Beispiele ist der Befehl: **pgp -eaw Dateiname Benutzer-ID**

In diesem Falle verknüpft PGP **-e** für Verschlüsseln mit **-a** für Verschlüsselung im ASCII-Code sowie **-w** für Löschen und Überschreiben der Klartextdatei.

22 Hinweise auf Sicherheitslücken von PGP

PGP kann nur dann einen wirklichen Schutz sensibler Daten bieten, wenn es sorgfältig gehandhabt wird. Nachstehend nenne ich einige Sicherheitslücken, die durch Umsicht aber geschlossen werden können.

Ausplaudern oder Herumliegenlassen des Paßwortes
Das ist die größte Sicherheitslücke. Klingt banal, ist es aber nicht. Hier müssen die in Kapitel 13.2.2 genannten Paßwortregeln konsequent befolgt werden.

Austausch des öffentlichen Schlüssels
Dieser Fall könnte wie folgt eintreten: Angenommen, ein neuer Kollege in Ihrer Tochtergesellschaft in der Ukraine sendet seinen neu generierten öffentlichen PGP-Schlüssel per E-Mail an Sie. Diese Nachricht läuft über den Internet-Provider in Deutschland und in der Ukraine. Ein unsauberer Mitarbeiter, ein Wirtschaftsspion beim Internet-Provider, arbeitet Ihrem Wettbewerber der Ukraine zu. Der Wettbewerber will an Ihre Angebotsdaten. Daher fängt der Spion beim Provider diese Nachricht mit dem öffentlichen Schlüssel zunächst ab. Das ist im Internet recht einfach. Dann ersetzt er einen neuen Schlüssel mit einer neuen Benutzer-ID. Diesen neuen Schlüssel sendet er an Sie weiter. Wenn Sie nun den gefälschten Schlüssel beim Versand Ihrer E-Mail an den Kollegen in der Ukraine zukünftig verwenden, passiert folgendes: Der Spion kopiert Ihre geheimen Daten und verwendet bei der weiteren Versendung der Nachricht an Ihren Kollegen den echten, öffentlichen PGP-Schlüssel des Kollegen. Abhilfe schafft hier die Verifizierung des öffentlichen Schlüssels via Telefon wie in Kapitel 21.1.7.

Verwendung einer manipulierten Version von PGP
Mit Hilfe der Unterschriftsüberprüfung gibt PGP die Möglichkeit, zu prüfen, ob Software, die auf Ihrem PC installiert werden soll, manipuliert worden ist. Wenn Sie beispielsweise überprüfen wollen, ob Ihr PGP.EXE-Programm frei von Viren oder sonstigen Überraschungen ist, so geben Sie den Befehl **pgp pgpsig.asc** ein.

PGP bringt auf dem Bildschirm folgende Meldung:

C:\PGP
ViaCrypt PGP 2.7 Pretty Good Privacy for everyone.
Datei hat eine Unterschrift.
Der öffentliche Schlüssel ist notwendig um die Unterschrift zu prüfen.

Die Datei „pgpsig.$00" hat eine Unterschrift, aber keinen Text.
Bitte geben Sie den Dateinamen ein, auf den sich die Unterschrift bezieht.

Geben Sie **pgp.exe** oder **pgp pgpsig.asc pgp.exe** ein.

PGP bringt nun die Bildschirmmeldung:

```
C:\PGP
ViaCrypt PGP 2.7 Pretty Good Privacy for everyone.
Die Unterschrift des Anwenders „ViaCrypt <Telefonnummer (602) 944-
00773)“ ist echt.
Die Unterschrift wurde am 21.6.1994 GMT erstellt.
Unterschrift und Datei sind getrennt. Es wurde keine Datei generiert.
```

Manipulation von Unterschriften unter Klartextdokumenten
Mit Unterschriften unter Klartextdokumenten kann man nur eine begrenzte Sicherheit in der Kommunikation von Dokumenten erreichen, da die Dokumente für einen Manipulateur sichtbar sind und relativ einfach verändert werden können.

Es sind mindestens zwei Sicherheitslücken bei digitalen Unterschriften unter Klartextdokumenten bekannt:

- PGP kann einen falschen Hinweis auf Manipulationen generieren. Dies tritt dann ein, wenn das Klartextdokument mit der digitalen Unterschrift über ein E-Mail-Versandsystem geschickt wird, das Zeichenveränderungen vornimmt. Eine Abhilfe kann hier, sofern dies möglich und wirtschaftlich ist, das Versenden der Nachrichten per Diskette bringen. Ein zweiter direkter Lösungsansatz bleibt der Anruf beim Absender, um Probleme aufzuklären.

- Schlimmer in der Wirkung ist der umgekehrte Fall, wenn PGP eine Unterschrift, die manipuliert worden ist, als echt testiert. Das Problem kann gelöst werden, indem man mit PGP eine Klartextdatei erstellen läßt. Diese Klartextdatei zeigt den echten Inhalt eines Dokumentes.

Vergessen von gelöschten Dateien auf der Festplatte oder Diskette
Wie bereits dargestellt, führt der MS-DOS Befehl „Löschen“ nicht zu einer physischen Löschung des Dateiinhaltes. Diese Lücke kann zunächst durch den „Wipe“-Befehl von PGP geschlossen werden, mit dem die zu löschende Datei überschrieben wird. Endgültige Sicherheit bringt jedoch nur das magnetische Löschen von Datenträgern wie im Anhang beschrieben.

Abhören des Paßwortes
Die kompromittierende Abstrahlung bei der Eingabe des Paßwortes kann wie in Kapitel 9.6 beschrieben abgehört werden. Hier helfen nur technische Maßnahmen wie unter Kapitel 14.2 beschrieben.

Anhang A

Empfehlungen zur Paßwortgestaltung und zum Sicherheitsmanagement des Bundesbeauftragten für den Datenschutz.[85]

Grundsatz: „Für den Benutzer leicht zu merken, für einen Fremden schwer zu erraten."

Paßwortregeln:

1. Nirgends notieren! Niemandem mitteilen!
2. Nur dem Benutzer bekannt.
3. Mindestlänge: 6 Stellen
4. Vor- und Familiennamen nie allein verwenden, sondern:
5. Stets alphanumerisch gestalten (Buchstaben und Zahlen/Zeichen).
6. Keine Trivialpaßwörter (z.B. 4711, 12345 oder andere nebeneinander liegende Tasten wie z.B. gast usw.) verwenden; möglichst vom System automatisch abweisen lassen.
7. In angemessenen Zeitabständen (möglichst automatisch gesteuert) ändern, aber nicht zu oft!
8. Automatisch verhindern, daß (aus Bequemlichkeit) als neues Paßwort wieder das alte gewählt wird.
9. Für besonders wichtige Funktionen/sensible Daten: Zusatzpaßwort („4-Augen-Prinzip"). Oder: Zwei Personen kennen je das halbe Paßwort.
10. Paßwort des Systemverwalters – nur ihm bekannt – für Vertretungsfall versiegelt aufbewahren.

Sicherheitsmanagement:

1. Jede Person erhält eine eigene Benutzerkennung („User"). Benutzerkennungen werden grundsätzlich nur für Bedienstete der Stelle eingerichtet: Für Fremde (Wartung usw.) nur zur kontrollierten Inanspruchnahme.
2. Benutzerkennungen werden nur für den Zeitraum eingerichtet, in dem sie tatsächlich benötigt werden.

---

[85] Informationen für geheimschutzbetreute Unternehmen, BMWI, 1997, Anhang

3. Die Datei der Paßwörter und Benutzerkennungen ist besonders zu schützen, in der Regel durch kryptographische Verschlüsselung.

4. Automatische Begrenzung der Anzahl der Anmeldungs-Fehlversuche (maximal drei, danach Sperrung der Benutzerkennung).

5. Protokollierung der Fehlversuche und Information des Systemverwalters und/ oder Benutzers.

6. Anzeige der letzten korrekten Anmeldung zur Kontrolle durch Berechtigten (Tag, Uhrzeit, Terminal usw.)

7. Zeitliche Begrenzung der Zugangsberechtigung, z.B. auf die Bürozeit.

8. Verhindern, daß Anmeldung mit Funktionstaste möglich ist („auto login").

9. Automatisches Sperren oder Abmelden des Terminals/APC nach längerer Nichtbenutzung, z.B. nach fünf Minuten.

10. Bei Verbindung des Systems mit dem öffentlichen Wählnetz: Zusätzliche Sicherungsmaßnahmen (Rückrufautomatik usw.).

Anhang B

Leitfaden für den Arbeitsplatz „Datenschutz bei Telefaxgeräten" des Landesbeauftragten für Datenschutz Rheinland-Pfalz.[86]

Eine Telefaxübertragung kann einen Eingriff in das Persönlichkeitsrecht bedeuten. So hat das Qberlandesgericht Nürnberg in einem Urteil (Az.: 102547/91) entschieden, daß die Übermittlung eines Anwaltschreibens per Firmenfax, das persönliche Angelegenheiten zum Inhalt hat, einen erheblichen Eingriff in das Persönlichkeitsrecht des Betroffenen darstellt und damit unzulässig ist. Begründung: Es bestehe die Gefahr, daß der Inhalt Personen zugänglich wird, für die er nicht bestimmt ist. Um die entsprechende Sicherheit zu gewährleisten, hat der Landesbeauftragte für Datenschutz des Landes Rheinland-Pfalz einen Leitfaden für den Arbeitsplatz „Datenschutz bei Telefaxgeräten" entwickelt.

Leitfaden:

1. Sie tragen die Verantwortung für die durch Sie übermittelten personenbezogenen Daten. Prüfen Sie daher genau deren Sensibilität, und entscheiden Sie dann, ob und wie gefaxt werden kann.
2. Beachten Sie die für Ihre Behörde/Dienststelle geltenden Anweisungen für die Nutzung des Telefax-Dienstes.
3. Nutzen Sie nach Möglichkeit alle der Sicherheit dienenden Einrichtungen des Gerätes, insbesondere die Anzeige des erreichten Gerätes.
4. Vergewissern Sie sich vor einer Sendung, ob der Adressat noch unter der Ihnen bekannten Anschlußnummer erreichbar ist.
5. Verständigen Sie sich vor der Absendung besonders sensibler Daten mit dem Adressaten über den konkreten Zeitpunkt der Übermittlung.
6. Gewährleisten Sie – möglichst durch persönliche Anwesenheit am Gerät – während der Übertragung von Dokumenten mit personenbezogenen Daten, daß kein Unbefugter in diese Einsicht nehmen kann.
7. Verständigen Sie sich nach erfolgter Sendung über aufgetretene Mängel und gegebenenfalls deren Behebung.
8. Erleichtern Sie sich und den Empfängern die Nachweisführung:
   a) Vorblatt der Behörde/Dienststelle benutzen

[86] Informationen für geheimschutzbetreute Unternehmen, BMWI, 1997, Anhang

b) Kopienblätter numerieren bei dafür geeigneten Geräten
c) Originale mit Verifikationsstempel versehen, Protokolle sorgfältig und sicher aufbewahren.

9. Faxübertragungen sind „abhörbar“. Was am Telefon nicht gesagt werden darf, darf auch nicht gefaxt werden.

10. Beachten Sie bei der Nutzung von Fernkopien auf PC-Basis (z.B. Fax-Karten) auch die damit verbundenen Risiken. Verständigen Sie sich darüber hinaus mit Ihrem Datenschutzbeauftragten.

Anhang C

Richtlinien für die Löschung von Datenträgern, die nicht mehr gebraucht werden.[87]

Wenn magnetische Datenträger nicht mehr gebraucht werden, ist deren Inhalt vor einer Entsorgung oder Wiederverwendung unkenntlich zu machen. Dies gilt auch dann, wenn beispielsweise solche Datenträger zu Reparaturzwecken außer Haus gegeben werden müssen. Für die vom BSl geprüften Löschgeräte gilt, daß sie schutzbedürftige Daten, die auf flexiblen magnetischen Datenträgern gespeichert sind, so vernichten, daß die Datenträger erhalten bleiben und eine Wiederverwendung möglich ist. Bei Löschgeräten wird der zu löschende Datenträger einem starken magnetischen Gleich- oder Wechselfeld ausgesetzt (Durchflutungslöschung). Die Prüfung der Löschgeräte erfolgt auf der Grundlage der Norm DIN 33 858. Die Klassifizierung der Löschgeräte berücksichtigt sowohl die erzielte Löschdämpfung als auch die Koerzitivfeldstärke der Datenträger.

Tabelle 4: Richtlinien für die Löschung von Datenträgern

Anforderungsstufen für Löschgeräte erzielte Löschdämpfung		**zu löschender Datenträger**		
		Koerzitivfeldstärke		
45 dB	90 dB	kA/m bis	Oe bis	Beispiele
A 1	B 1	28	350	Magnetbänder nach DIN EN 21 864 Identifikationskarten nach DIN EN 27811, Teil2 Diskettentypen 102, 102, 201, 202, 203 nach DIN EN 29983
A 2	B 2	60	750	Magnetbandkassetten nach prEN 29 661 Diskettentypen 204, 301, 302 nach DIN EN 29983

[87] Informationen für geheimschutzbetreute Unternehmen, BMWI, 1997, Anhang

Anforderungsstufen für Löschgeräte erzielte Löschdämpfung		zu löschender Datenträger		
A 3	B 3	400	5.000	Identifikationskarten mit hochkoerzitivem Magnetstreifen

Datenträger sollten nach ihrem letztmaligen Gebrauch nicht einfach entsorgt, sondern vernichtet werden, da die auf ihnen gespeicherten Daten für Datenspione weiterhin wertvoll sein können.

Anhang D

Kriterien für Funktionalität und Vertrauenswürdigkeit von IT-Produkten[88]

Funktionalitätsklassen nach IST/ITSEC/„Orange Book“

Tabelle 5: Funktionalitätsklassen nach IST/ITSEC/„Orange Book“

IST	ITSEC	Orange Book	Erläuterungen	
F1	F-C1	Cl	Typisch für Datenschutzanforderungen	Diese sind im wesentlichen für Betriebssysteme gedacht, hierbei steht die Vertraulichkeit von Daten im Vordergrund.
F2	F-C2	C2	dito	dito
F3	F-B1	Bl	Typisch für Verschlußsachenbearbeitung	dito
F4	F-B2	B2	dito	dito
F5	F-B2	B3	dito	dito
F6	F-IN	--	Integrität (z.B. Datenbanken, Softwareentwicklungsumgebung)	
F7	F-AV	--	Verfügbarkeit (Fehlerüberbrückung, Gewährleistung der Funktionalität, z.B. bei Prozeßrechnern)	
F8	F-DI	--	Integrität (Identifikation und Authentisierung für beide Partner einer Kommunikation, Übertragungssicherung, Beweissicherung)	
F9	F-DC	--	Vertraulichkeit (Verschlüsselung von Nutzdaten)	
FlO	F-DX	--	Zusammenfassung von F8/F-DI und F9/F-DC	

[88] Informationen für geheimschutzbetreute Unternehmen, BMWI, 1997

Qualitätskriterien:

Tabelle 6: Qualitätskriterien

Kriterien der Korrektheit	Kriterien der Wirksamkeit
Qualität der Sicherheitsanforderungen	Zuordnung verschiedener Grundfunktionen zueinander und ihre inneren Abhängigkeiten (vordefinierte Funktionalitätsklassen)
Qualität der Spezifikation der zu evaluierenden Systemteile	Geeignete Auswahl von Grundfunktionen im Hinblick auf die vorab analysierten Bedrohungen
Qualität der verwendeten Mechanismen	Integration der verschiedenen Funktionen zu einem wirksamen System
Qualität der Abgrenzung zu nicht evaluierenden Systemteilen	Dort wo nötig, gegenseitige Unterstützung der einzelnen Funktionen
Qualität des Herstellungsvorgangs	Im Zusammenhang mit der Bewertung der Korrektheitsaspekte werden eine Reihe von Anforderungen zur Wirksamkeit gestellt
Betriebsqualität	
Qualität der anwenderbezogenen Dokumentation	

Die Qualitätsstufen nach ITS/ITSEC im einzelnen

Tabelle 7: Qualitätsstufen nach ITS/ITSEC im einzelnen

IST		ITSEC	
Q 0	unzureichend	E 0	unzureichend
Q 1	getestet	E 1	getestet
Q 2	methodisch getestet	E 2	methodisch getestet, Konfigurationskontrolle und kontrollierte Verteilung

IST		ITSEC	
Q 3	teilanalysiert	E 3	teilanalysiert (Schaltpläne, Quellcode)
Q4	informell analysiert	E 4	formales Sicherheitsmodell, Spezifikation/Quellcode
Q 5	semi-formal analysiert	E 5	nachvollziehbare Abbildung, Spezifikation 1 Quellcode
Q6	formal analysiert	E 6	Anforderungen und Grobspezifikation in formaler Notation, Konsistenz mit dem formalen Sicherheitsmodell nachweisbar
Q7	formal verifizierbar		

Stärke von Mechanismen

Methoden, Verfahren, Algorithmen etc., mit denen bestimmte Sicherheitsfunktionen in einem IT-System realisiert werden, werden als Mechanismen dieser Grundfunktionen bezeichnet. Diese können unterschiedlich stark ausgeprägt sein, d.h. verschieden hohe Hürden gegenüber Manipulationsversuchen aufbauen.

Tabelle 8: Stärke von Mechanismen

Bewertungsskala			Bewertungsskala		
IST			**ITSEC**		
1.	ungeeignet	erfüllt nicht die Anforderungen	1.	niedrig	Schutz gegen mehr zufällige Verstöße (insbesondere Bedienungsfehler)
2.	schwach	Abwehr unbeabsichtigter Verstöße	2.	mittel	hält Angriffsversuchen von Experten mit begrenzten Möglichkeiten u. Mitteln stand

Bewertungsskala			Bewertungsskala		
IST			ITSEC		
3.	mittelstark	Schutz bei absichtlichen Verstößen; mit mittlerem Aufwand und normalen Systemkenntnissen zu überwinden	3.	hoch	hält erfahrenen Experten mit praktisch unbegrenzten Ressourcen stand
4.	stark	guter Schutz bei absichtlichen Verstößen; nur mit großem Aufwand bzw. unter Zuhilfenahme aufwendiger Hilfsmittel zu überwinden			
5.	sehr stark	sehr guter Schutz bei absichtlichen Verstößen; nach dem Stand der Technik nur mit sehr großem Aufwand und unter Zuhilfenahme sehr aufwendiger Hilfsmittel zu überwinden			
6.	nicht überwindbar	zur Zeit nicht überwindbarer Schutz			

Tabelle 9: Mechanismen und Qualitätsstufen (Zusammenfassung)

gering	gering	gering	zufriedenstellend	zufriedenstellend	gut bis sehr gut	ausgezeichnet	ausgezeichnet
IST	Q1		Q2		Q3,4,5	Q6	Q7
ITSEC	E1			E2	E3,4,5	E6	
niedrig	niedrig	niedrig	mittel	mittel	mittel	hoch	hoch

Tabelle 10: Vergleich ITS/„Orange Book“

ITS	--, Q0	--, Q1	F1,Q1	F2,Q2	F3,Q3	F4, Q4	F4, Q5	F5, Q6
Orange Book	D		C1	C2	B1	B2	B3	A1

Anhang E

Richtlinien für Brandschutz, den Schutz der Stromversorgung und den Schutz vor Sabotage, Vandalismus und Diebstahl.[89]

Brandschutz:

VdS-Richtlinien (Quelle)

VDMA-Einheitsblatt 24 991, Teile 1 und 2 i.V.m. RAL-RG 626/7 und /8: Prüfbedingungen für das Brandverhalten von Räumen und Schränken zur Aufbewahrung von Datenträgern sowie für Stahlschränke und sonstige Behälter

DIN 4102: Brandverhalten von Baustoffen und Bauteilen DIN 10801: Stahltüren T90

DIN 18082: Stahltüren T30

DIN 18 384: Blitzschutzanlagen bei Gebäuden

DIN 14675: Brandmeldeanlagen

VDE 0800 und 0833: Brandmeldeanlagen

Schutz der Stromversorgung:

DIN 57 675: Grobschutz gegen Überspannung

VDE 0675: Grobschutz gegen Überspannung

VDE 0100: Standards bei Leuchten, Starkstromanlagen

VDE 0631: Standards bei Leuchtstofflampen

VDE 0510: Unabhängige Stromversorgung durch Akkumulatoren und Batterien

EN 50 173: Schutz gegen Überspannung

Schutz vor Sabotage, Vandalismus und Diebstahl:

VdS-Richtlinien, z.B. Form in VdS 3007

Technische Anforderungen des Landesamtes für Verfassungsschutz (vgl. weiterführende Literatur)

---

[89] Informationen für geheimschutzbetreute Unternehmen, BMWI, 1997

Liste geprüfter Produkte der Kommission vorbeugende Kriminalitätsbekämpfung (KVK)

RAL-RG 625/4: Wertschutzraum und Wertschutzraumtür

RAL-RG 626/7 und /9: (Datensicherungs-)Schränke

DIN VDE 0833: Gefahrenmeldeanlagen

DIN V 18 054: Einbruchshemmende Fenster

DIN V 18 103: Einbruchshemmende Türen

DIN 52 290: Verglasungen

DIN V 18 254: Profilzylinder

DIN 18 257: Schutzbeschläge

VdS 2156 und 2157: Profilzylinder

VDMA-Einheitsblatt 24 991, Teil 1 i.V.m. RAL-RG 62612,19, /10, 621110 und 120: Prüfbedingungen für Stahlschränke und sonstige Behälter

DIN 32 757: Vernichten von Informationsträgern

DIN 33 858: Löschen von magnetischen Datenträgern

IT-Evaluation (Prüfung und Zertifizierung)

IT-Sicherheitskriterien (ITS)

IT-Security Evaluation Criteria (ITSEC)

Common Criteria (CC)

Auf die Darstellung der vielen international gültigen Normen und Standards nach ANSI, CCITT, IEEE und ISO wird verzichtet.

Anhang F

Normen, Normungsgremien und Standards[90]

Bundesrepublik Deutschland:

BAPT	Bundesamt für Post und Telekommunikation
DATech	Deutsche Akkreditierungsstelle Technik
DEKITZ	Deutsche Normungsstelle für IT-Konformitätsprüfung und Zertifizierung
DIN	Deutsches Institut für Normung
DIN-CERTCO	Gesellschaft für Konformitätsbewertung Berlin
DKE	Deutsche Elektrotechnische Kommission
FuP	Forschungs- und Prüfgemeinschaft Geldschränke und Tresoranlagen
FTZ	Forschungs- und Technologiezentrum der Telekom
RAL	Reichsausschuß für Lieferbedingungen
VDE	Verband Deutscher Elektroingenieure
VDMA	Verband Deutscher Maschinen- und Anlagenbauer
VdS	Verband der Schadensversicherer e.V.
ZVEI	Zentralverband Elektrotechnik- und Elektronikindustrie

Europa:

GEN	Comité Europeen de Normalisation
GENELEG	Comité Europeen de Normalisation Electrotechnique
ETSI	European Telecommunications Standards Institute
ECMA	European Computer Manufacturers Association

International:

ANSI	American National Standard Institute
CCITT	Comité Consultatif International Telegraphique et Telephonique

[90] Informationen für geheimschutzbetreute Unternehmen, BMWI, 1997, Anhang

IEC	International Electrotechnical Commission
IEEE	Institute of Electrical and Electronic Engineers
ISO	International Standards Organisation
JTCI	Joint Technical Committee One, gem. technisches Komitee von IEC und ISO, das seine IT-Normen mit dem CCITT abstimmt

Anhang G

Gesetze und Vorschriften[91]

Gesetz über den Verfassungsschutz in Baden-Württemberg (Landesverfassungsschutzgesetz – LVSG) v. 22. Oktober 1991

Gesetz zum Schutz personenbezogener Daten (Landesdatenschutzgesetz – LDSG) v. 27. Mai 1991

Gesetz über die Sicherheitsüberprüfung aus Gründen des Geheimschutzes (Landessicherheitsüberprüfungsgesetz – LSÜG) v. 12. Februar 1996

Gesetz über die Errichtung des Bundesamtes für die Sicherheit in der Informationstechnik (BSI-Errichtungsgesetz – BSIG) v. 17. Dezember 1990

2. Gesetz zur Bekämpfung der Wirtschaftskriminalität (2. Wirtschaftskriminalitätsgesetz – 2. WiKG) v. 15. Mai 1986

Gesetz gegen den Unlauteren Wettbewerb (UWG) v. 15. Mai 1986, insb. § 17 Abs. 2

Urheberrechtsgesetz (UrhG) v. 24. Juni 1993, insb. Teil 1; 8. Abschnitt

Betriebsverfassungsgesetz insb. § 87 Abs. 1 Ziffer 6, §§ 90, 91

Arbeitsstättenverordnung (ArbStättVO) v. 1. August 1988

Gerätesicherheitsgesetz v. 18. Februar 1986, insb. GS-Zeichen

Gesetz über die Haftung für fehlerhafte Produkte (Produkthaftungsgesetz – ProdHaftG) v. 1. Januar 1990

Fernmeldeanlagengesetz (FAG) v. 3. Juli 1989, zuletzt geändert durch § 99 Telekommunikationsgesetz (TKG)

Fernmeldeanlagenüberwachungsverordnung (FU VO) v. 1. Mai 1995

Telekommunikationsgesetz (TKG) vom 25. Juli 1996

Telekommunikationsdatenschutzverordnung (TDSVO) – derzeit im Gesetzgebungsverfahren

Gesetz über die elektromagnetische Verträglichkeit (EMV-G) v. 9. November 1992

Gesetz zur Beschränkung des Brief-, Post- und Fernmeldegeheimnisses (Gesetz zu

[91] Informationen für geheimschutzbetreute Unternehmen, BMWI, 1997, Anhang

Artikel 10 Grundgesetz/GG – G10-Gesetz) v. 13.08.1968 sowie die Entscheidung des Bundesverfassungsgerichts hierzu v. 11. Januar 1995

Verbrechensbekämpfungsgesetz v. 28. Oktober 1994

Strafgesetzbuch (StGB), insb. §§ 93 - 99, 202a, 263a, 269, 270, 303a, 303b.

Zusätzlich können bestimmte Bestimmungen des Umwelthaftungsgesetzes und des Abfallgesetzes bei der Entsorgung von lT-Geräten und Datenträgern, das Handelsgesetzbuch -HGB- (§§ 238 Abs. 1 und 240 Abs. 1 bei Buchführungspflicht und Inventur) für Revision und Bilanz, die Abgabenordnung -AO- (§ 146 Abs. 1) für die Grundsätze ordnungsgemäßer Buch- und Speicherbuchführung sowie die allgemeinen Bestimmungen des Bürgerlichen Gesetzbuches -BGB- für das IT-Recht eine Rolle spielen.

IT-Richtlinien für die Bundesverwaltung vom 18. August 1988

Verschlußsachenanweisung (VS-AnweisungNSA) für Baden-Württemberg v. 20. Dezember 1982 sowie die sie ergänzenden Richtlinien (§ 64 VSA); die VSA und die ergänzenden Richtlinien werden derzeit neu gefaßt.

Anhang H

Literaturverzeichnis

Competitive Strategy, Michael E. Porter, The Free Press, New York, 1980

Informationen für geheimschutzbetreute Unternehmen, Computerspionage, BMWI, Bonn 1997

„Leitfaden zur PC-Sicherheit für die Landesverwaltung Baden-Württemberg" (Stand 23.08.94), herausgegeben von der Stabsstelle Verwaltungsstruktur, Information und Kommunikation beim IM BW (51K), jetzt Stabsstelle für Verwaltungsreform (StaV), Stuttgart

Insiderdelikte, Tagungsband, 10. VZM Sicherheitskonferenz, Frankfurt, 1997

PGP: Pretty Good Privacy, S. Garfinkel, 1996 erschienen in deutsch bei O'Reilly

Computer Crime, Icove, Seeger, von Storck, 1992 O'Reilly

Datenschutz und Datensicherheit, Pommerening, Wissenschaftsverlag, 1991

Satan, Sicherheitsmängel erkennen und beheben, Freiss, O'Reilly, 1997

Computer related risks, Neumann, acm Press, 1995

Das Handelsblatt

Süddeutsche Zeitung

Der Tagesspiegel

Der Spiegel

Manager Magazin

Impulse

Wirtschaftswoche

Computer-Zeitung

Computerwoche

Computerwelt

Funkschau

KES, Zeitschrift für Kommunikations- und EDV-Sicherheit,

Sicherheitsberater Informationsdienst zu Problemen der Sicherheit in Betrieb, Unternehmen und Verwaltung (ISB)

ZDF

ARD

Der neue Brockhaus, F.A. Brockhaus, Wiesbaden 1980

Stichwortverzeichnis

1

A

B

C

D

E

F

G

H

I

J

K

L

R

S

T

U

V

W

Y

Z